Eberhard Mühlan

EHE UND FAMILIE IN DER ZERREISSPROBE

Eberhard Mühlan

Ehe und Familie in der Zerreißprobe

Verlag Schulte + Gerth, Aßlar

Best.-Nr. 15 373
ISBN 3-87739-373-X
1. Auflage 1984
2. Auflage 1985
Umschlaggestaltung: Herybert Kassühlke
Satz: Typostudio Rücker & Schmidt
Druck und Verarbeitung: Mohndruck, Gütersloh
Printed in Germany

Inhaltsübersicht

Einführung 7
Die Ehe in der Zerreißprobe 11
Die Herausforderung des Feminismus 15
Der Feminismus: Antithese zu Gottes Wort 15
Die Ehe, wie Gott sie gewollt hat 23
Mann und Frau sind gleichwertig 24
Mann und Frau sind heterogeschlechtlich 26
Mann und Frau sind verschiedenartig 27
Aufgabenteilung zwischen Mann und Frau 31
„Anhangen“ statt „Selbstverwirklichen“ 39
Die Bedrohung durch eine fehlgesteuerte Sexualität 45
Die sexuelle Revolution 45
Hebel zur Gesellschaftsveränderung 47
Zurück zur Triebhaftigkeit 48
Auflösung von Ehe und Familie 49
Kampf gegen alle bestehenden Tabus 51
Abbau aller Schambarrieren 54
Gottes Gedanken zu Liebe und Sexualität 59
Liebe – ein strapazierter Begriff 59
Die freundschaftliche Liebe 61
Die romantische Liebe 63
Die Liebe, die sich aufopfert 67
Sexualität, richtig verstanden 69

Die Verführung durch Bequemlichkeit,
Verantwortungslosigkeit und Konsumhaltung 79
Unlust zu Ehe und Kind 80
Auf dem Egotrip 82
Das Geheimnis des Sich-Mitteilens 85
Wie entkommen Sie dem „Konsumrausch"? 96
Ihr persönliches Bibelstudium: Der Christ und sein Geld 112

Die Unterminierung der Ehe durch politische Programme 119
Auf dem Weg zu einer neuen „Gesellschaft"? 119
Scheidungsdrama – Kinderelend 121
Ihr persönliches Bibelstudium: Ehescheidung und Wiederheirat im Lichte der Bibel 129
Der legalisierte Mord im Mutterleib – die Wegwerfware Kind 140
Ihr persönliches Bibelstudium: Wann beginnt das menschliche Leben? 148

Darf man in diese Welt noch Kinder setzen? 153

Literaturnachweis 169

Einführung

Zur Zeit ist jede zweite Ehe in Europa gefährdet, fast jede dritte wird geschieden. Nehmen wir noch die statistisch nicht erfaßten Trennungen dazu, dann haben wir zur Stunde in Deutschland vielleicht mehr zerbrochene Ehen als heile. Eine Trendstudie kündigt uns für das Jahr 2000 eine Scheidungsrate von 85%, bezogen auf die Eheschließungen, an!

Werden Sie, lieber Leser, werde ich in 15 bis 16 Jahren zu der kleinen Zahl von 15% heilen Ehen gehören?

Wo liegen die Gefahrenmomente, die uns aus der ehelichen Treue locken wollen? Worauf gilt es zu achten? Was ist zu tun, um unsere Ehen romantisch, belebend und erfüllend zu erhalten?

Die zerbrochene Familie wird wahrscheinlich bald die normale Familie sein. Immer mehr Menschen scheinen unfähig, eine lebenslange Gemeinschaft einzugehen und durchzuhalten. Die Suche nach Selbstverwirklichung treibt sie immer mehr in die Isolation.

Herzenskälte hat sich breitgemacht und zu einem katastrophalen Zustand der zwischenmenschlichen Beziehungen geführt. Ehepartner machen sich das Leben zur Hölle, und ihre Kinder haben am meisten darunter zu leiden.

Pro Jahr werden etwa 30.000 Fälle schwerer Kindesmißhandlungen registriert. Die Dunkelziffer liegt wesentlich höher, etwa bei 400.000. Bei 80% der aufgeklärten Fälle waren die Täter die Eltern oder ein Bekannter. Pro Jahr sterben in der Bundesrepublik mehr Kinder durch Mißhandlungen als durch Krankheit.

Noch grausamer ist der Mord an Kindern im Mutterleib. So sind nach Informationen der freikirchlichen Initiative „Pro Vita“ im Jahr 1982 zwischen 200.000 und 250.000 Kinder abgetrieben worden. Die gemeldeten Abtreibungen betrugen laut Statistischem Bundesamt 91.000. Leider muß davon ausgegangen werden, daß nur 50% der Fälle gemeldet werden. Ein Vergleich zwischen der offiziellen Abtreibungsstatistik und Abrechnungszahlen der Kassenärztlichen Vereinigung belegt das. Außerdem gibt es immer noch ca. 50.000 Frauen, die zur Abtreibung nach Holland oder Österreich fahren. Diesen Zahlen stehen 620.000 Geburten gegenüber. In unserem reichen Sozialstaat wird also mehr als jedes vierte Baby abgetrieben!

Deutschland wurde oft als das kinderfeindlichste Land der Welt bezeichnet. Tiere werden in der Bundesrepublik besser geschützt als ungeborene Kinder!

Wer dem Gemetzel im Mutterleib entgeht, den erwartet eine feindliche Umwelt. Das so gern gemalte Bild vom glücklichen Kind ist eine Illusion. Laut einer Umfrage schätzen 58% der Kinder und Jugendlichen ihre Zukunft düster ein. Die Folge: mehr als 1700 Kinder begehen in einem Jahr Selbstmord! Das bedeutet pro Tag vier Kinderselbstmorde. Und auch hier bleibt die Frage, wie hoch die Dunkelziffer sein mag.

1960 hielten Psychiatrieexperten jeden zwölften Schüler für behandlungsbedürftig. 1976 war es schon jedes vierte Kind und heute sprechen die Kinder- und Jugendpsychiater von jedem dritten Kind. Die zerstörten Familienverhältnisse und die negativen Umweltbedingungen fordern ihren Tribut!

Jesus spricht in Matthäus 24 über die Zeichen der Endzeit. Unter anderem sagt er: „... weil die Gesetzlosigkeit überhandnimmt, wird die Liebe in vielen erkalten.“

Jesu Worte beziehen sich auf die unmittelbaren zwischenmenschlichen Beziehungen, wie sie in Ehe, Familie,

Kirche, Schule, Öffentlichkeit usw. existieren. Wir sehen mit Erschrecken, daß sich seine Voraussagen Schritt für Schritt erfüllen.

In 2. Timotheus 3,1-4 wird das, was in Matthäus 24 angekündigt ist, noch einmal detailliert aufgezählt: „Das aber sollst du wissen, daß in den letzten Tagen schwere Zeiten eintreten werden. Denn die Menschen werden selbstsüchtig sein, geldgierig, prahlerisch, hochmütig, Lästerer, den Eltern ungehorsam, undankbar, gottlos, lieblos, unversöhnlich, verleumderisch, unenthaltsam, zuchtlos, dem Guten feind, treulos, leichtsinnig, aufgeblasen, das Vergnügen mehr liebend als Gott."

Wir leben in einem Traditionsumbruch unfaßbaren Ausmaßes. Alle bisherigen Werte werden radikal in Frage gestellt. Insbesondere wird Gottes Wort verhöhnt und das genaue Gegenteil als richtig hingestellt. Dabei handelt es sich nicht allein um gesellschaftlich bedingte Veränderungen von Moralvorstellungen, sondern um ein gut durchdachtes Konzept einer Kulturrevolution, die eine „neue Gesellschaft" mit einem „neuen Menschen" vorbereiten soll.

Nach meinem Ermessen wird in den oben genannten Bibelversen der Menschentyp beschrieben, der durch die „Moralrevolution" geschaffen werden wird.

Zu dieser Bewegung gehört die „Neue Linke", die ihren Ursprung in der „Frankfurter Schule" der Soziologen Adorno, Horkheimer und Habermas hat. Seit Ende der sechziger Jahre hat sich diese Links-Bewegung, die – vereinfacht ausgedrückt – den Marxismus auch ohne Revolution aufbauen will, auf den „Marsch durch die Institutionen" gemacht. Sie konzentriert sich, insbesondere mit dem Mittel der „Emanzipatorischen Pädagogik", auf das Erziehungswesen, infiltriert gleichzeitig aber auch Presse, Funk und Fernsehen.

Im Gefolge der Neuen Linken marschiert der Feminismus, der die patriarchalischen Herrschaftsstrukturen durch eine matriarchalische Herrschaft (d.h. Herrschaft durch die Frau) ablösen und als Endziel eine neue Welt mit einem androgynen Menschen (ein neuer Mensch, in dem Männliches und Weibliches harmonisch vereinigt ist) schaffen will.

Die Erfolge der sexuellen Revolution mit der Aufhebung aller Tabus und der Einfluß der modernen Werbepsychologie, die die Menschen zu Konsumtrotteln macht, bereiten den richtigen Nährboden für den Kollektivmenschen der angestrebten Kulturrevolution.

Die Früchte einer Ethik und einer Politik, die sich von Gottes Prinzipien entfernt hat, ja, die sich sogar als Antithese zu Gottes Wort, der Bibel, versteht, ernten wir schon heute. Ihr bitterer Geschmack ist nicht zu überdekken. Aber die nächste Generation wird noch ganz andere Früchte aufgetischt bekommen.

Wir werden nur bestehen und heile Ehen und Familien bauen können, wenn wir die Prinzipien Gottes, wie wir sie in der Bibel lesen, und die Kraft des Heiligen Geistes, wie sie uns verheißen ist, in der Praxis und Herausforderung des Alltags besser anwenden lernen.

Darum soll es in diesem Buch gehen. Auch wenn Ihnen beim Lesen manchmal unheimlich werden mag, stecken Sie den Kopf nicht in den Sand, als wenn nichts passieren würde. Wir müssen die Fakten kennen! Die Strategien der anti-christlichen, endzeitlichen Bestrebungen, die Ehe und Familie zerstören wollen, um ein „neues Zeitalter" einzuläuten, müssen bekannt sein, damit wir wissen, von wo aus der Feind zuschlägt. Dann sind wir nämlich um so besser gewappnet und können uns gezielter wehren, ohne hilflose „Luftschläge" zu machen.

Die Ehe in der Zerreißprobe

Wie können wir es als gesellschaftliche Minderheit, die noch am Ideal der lebenslangen, ehelichen Treue festhält, nur schaffen zu überleben? Wie können wir unsere Ehen gesund erhalten und auch noch unseren Kindern diese Werte mit auf ihren Weg geben?

Wir stehen an einem nahezu unbegreiflichen Wendepunkt der nachchristlichen, abendländischen Geschichte: Ehe und Familie verlieren immer mehr an Bedeutung und sollen durch lose Partnerbeziehungen, Wohngemeinschaften und Kollektive abgelöst werden.

Eine neue Kultur bricht durch! Über Jahre hinweg ist fleißig daran gearbeitet worden, ein neues gesellschaftliches Bewußtsein zu schaffen. Noch vor 25 Jahren galt zum Beispiel der Beischlaf zwischen Verlobten als Unzucht, die wilde Ehe wurde als sittenwidrig angesehen. Heute gibt es in der Bundesrepublik etwa eine Million Ehen ohne Trauschein. In einer Fernsehsendung wurde neulich lobend erwähnt, daß die moralische Diskriminierung dieser Paare endlich überwunden sei, aber sie nun unter der noch unklaren Rechtslage ihrer Verhältnisse zu leiden hätten. Nur nicht mutlos werden, auch dafür wird es sicherlich in den nächsten Jahren eine Lösung geben!

In Schulbüchern, Zeitschriften, Schlagern, im Radio und im Fernsehen wird ständig unwidersprochen für eheliche Untreue Werbung gemacht und zu „freier Liebe“ angeleitet. Mit großem Erfolg, wie uns die Statistiken beweisen.

Eine Ehe nach biblischen Maßstäben zu führen wird heutzutage immer schwerer. Nicht nur die Moralvorstellungen sind unterhöhlt, es fehlt auch an gesellschaftlichem Schutz, denn die ideologischen Kräfte, die die Ehe auflösen wollen, gewinnen immer mehr an Boden.

Wir Christen werden ständig mit falschen Konzepten bombardiert. Viele von uns sind inzwischen falsch programmiert und merken es noch nicht einmal, weil sie gar nicht wissen, was die Bibel zu bestimmten Fragen zu sagen hat. Es ist erschreckend zu sehen, daß das biblische Wissen vieler bekehrter Jugendlicher und Erwachsener auf Kindergottesdienst- und Sonntagsschulniveau stehengeblieben ist.

Wenn Sie nicht wissen, was die Bibel zu Fragen wie Partnersuche, Ehe, Hingabe, Treue, Sexualität in und außerhalb der Ehe zu sagen hat, dann werden Sie wehrlos in diesen anti-christlichen Gedankensog hineingezogen und schwimmen mit der großen Masse. Vielleicht meinen Sie dabei auch noch, ein großartiger Individualist zu sein. Aber Sie werden letztlich doch nur fremdbestimmt. Der Strom schwimmt in die falsche Richtung. Am Ziel warten allzuoft Einsamkeit, seelische Verwundungen und Depressionen. Wenn der Mensch Gottes Gebote verläßt, gerät er in Chaos und Verderben, und zwar immer.

Ich gehe davon aus, daß Sie, lieber Leser, sich vorgenommen haben, eine erfüllende und heile Ehe aufzubauen. Schwimmen Sie mit der Bibel in der Hand gegen den Strom, und achten Sie auf die gefährlichen Strudel, die Sie nach unten ziehen wollen.

Manche Gefahren erkennen wir schon von weitem, andere dagegen klingen ganz harmlos:

- Ich habe doch schließlich ein Recht auf ein eigenes Leben.
- Als Hausfrau bin ich nur ein halber Mensch.
- Karriere ist das Wichtigste.
- Ich muß mich selbst verwirklichen.
- Kinder kosten nur Geld und behindern die persönliche Freiheit.

- Die Zeiten, in denen ein Mann vorschreiben konnte, was seine Frau tun sollte, sind vorbei.
- Es ist doch unmöglich, mit nur einer Frau das ganze Leben lang glücklich zu bleiben.
- Seitensprünge stärken die Ehe nur.
- Einmal ist keinmal.
- Wenn wir uns festfahren, dann lassen wir uns halt scheiden.

So hören, lesen und sehen Sie es Tag für Tag. Wenn Sie diese Einflüsse passiv und kritiklos aufnehmen, ohne ein eigenes Konzept dagegenzusetzen, beeinflussen diese falschen Maßstäbe bald Ihr Denken, Fühlen und Verhalten. Wie ein steter Tropfen den Stein höhlt, nagen diese Verführungen konstant an Ihrer ehelichen Beziehung.

Derek Prince sagt in bezug auf die weltweite Ehemisere: „Eines ist sicher: Wenn es ein Geheimnis gibt, das eine erfolgreiche Ehe garantiert, dann haben es Millionen von Ehepaaren in unserer heutigen Gesellschaft nicht entdeckt. Ich glaube, es gibt ein Geheimnis, welches eine erfolgreiche Ehe sichern kann. Ich bin darüber hinaus der Auffassung, daß uns dieses Geheimnis auf den Seiten eines einzigartigen Buches offenbart wurde – nämlich der Bibel!“ (1)

Wenn es einen Grund gibt, wieder mit großem Eifer nach dem Geheimnis einer erfolgreichen Ehe in der Bibel zu suchen, dann wegen der erschreckenden Folgen falscher Ehekonzepte. Unsere Zeit braucht Ratschläge, die halten, was sie versprechen. Sind Sie bereit, mit mir vorurteilsfrei in die Bibel hineinzuschauen, auch wenn Sie auf Dinge stoßen, die Ihnen nicht passen? Sind Sie bereit, falsche Vorstellungen abzulegen und die richtigen – die Gott zu unserem Besten gegeben hat – anzunehmen? Allein Gottes positiver Plan garantiert eine heile Ehe in einer heillosen Zeit!

Ich werde mit Ihnen einen zweifachen Weg der Erarbeitung beschreiten: Zuerst werden wir die Gefahren, die unsere Ehen bedrohen, scharf ins Auge fassen und dann die Meinung der Bibel dazu befragen. Zunächst nenne ich Ihnen also die Antithesen, damit Sie um so klarer die Thesen des Wortes Gottes dagegenhalten können. Entscheiden Sie sich für Gottes Antworten, und bitten Sie ihn um seine Hilfe bei der Befolgung seiner Gebote.

Die bedrohlichsten Gefahren für die Ehe lassen sich nach meiner Beobachtung in vier Bereiche gliedern:

1. Die Herausforderung des Feminismus
2. Die Bedrohung durch eine falsch verstandene Sexualität
3. Die Verführung durch Bequemlichkeit, Verantwortungslosigkeit und Konsumhaltung
4. Die Unterminierung der Ehe durch politische Programme

Die Herausforderung des Feminismus

Der Feminismus: Antithese zu Gottes Wort

Es gibt ernstzunehmende Kritiker, die die Frauenbewegung bzw. den Feminismus heute als die gefährlichste politische Bewegung ansehen, weil sie die stärksten Umwälzungen bringen wird.

Die jugendlichen Protestbewegungen, die militanten Gruppen, die Emanzipationsbewegung, die Selbsthilfegruppen, die Friedensbewegung und selbst die Grünen laufen nach Expertenmeinung im Windschatten der Siege der feministischen Bewegung. Allen gemeinsam ist der Wunsch, ein neues Zeitalter (New Age) und ein völlig neues Weltsystem zu etablieren.

Laut „Topic“ 2/84 ist das Jahr 1984 dazu auserkoren, die breite Öffentlichkeit mit den neuen Gedanken zu durchdringen. Klaus Gerth kommentiert: „In Mitteleuropa nennt sich das Gebilde ‚Die neue soziale Bewegung‘. Wir werden diesem Begriff künftig mehr und mehr begegnen.

Bestechend ist die beeindruckende, rein wissenschaftliche Vorgehensweise der Denkfabrik. Namen wie Marilyn Ferguson, Prof. Michael Vester und Fridjof Capra müssen Sie sich merken. Diese Leute sind heute bereits Bestseller-Autoren und die Vordenker der ‚Neuen Welt‘. Um das große Ziel der gesellschaftlichen Revolution, die ein ‚sorgenfreies Jahrtausend‘ einläuten soll, zu erreichen, werden alle Lebensbereiche neu verankert. Wir merken, wie manche zeitgeistige Strömungen nur Mittel zum Zweck waren. Begriffe werden geprägt wie: Neue Sinnlichkeit / Neuer Mann / Neues Wohnen / Neue Empfindlichkeit / Neue biologische Emanzipation / Neuer Sex (indischer Tantra-Sex als Mittel der spirituellen Energie-Umwandlung) / Neue Demokratie / Neue Autorität / Neue Ehe / Neue Körperkultur.

Nichts bleibt beim alten. Den Menschen soll ein ganz neues Selbstbewußtsein eingeimpft werden. Ich bin fest überzeugt, daß diese weltweit angelegte Bewegung in kürzester Zeit das Kernstück einer ganz neuen Gesellschaft, nämlich ein antichristliches Modell, abgibt. Man rechnet mit vier Millionen Personen, wobei die aktive Gruppe (hier für die BRD) mit 300.000 – 500.000 beziffert wird ...

Interessant: die führende Truppe sind nicht etwa die Grünen, sondern die Frauenbewegung. Man rechnet mit einem matriarchalischen (mütterlichen) Zeitalter." (2)

Georg Huntemann kommt nach einer gründlichen Beurteilung des Feminismus zu folgendem Urteil: „Angesichts dieser radikalen Revolution, die eben nicht nur Mensch und Gesellschaft, sondern auch die Natur selbst packen will, wirkt die Revolution des Marxismus-Leninismus wie eine romantisch-idyllische Erinnerung an das 19. Jahrhundert." (3)

Liest man die Thesen des Feminismus, so traut man oft seinen Augen nicht und ist versucht, sie als Phantastereien zur Seite zu legen. Aber täuschen wir uns nicht: Feministische Grundüberzeugungen bekommen zunehmend Einfluß auf unsere Gesellschaft und auf unsere Kirchen. Ihre Antworten auf die Fragen unserer Zeit werden begierig aufgenommen. Das feministische Denken hat auch das Urteilen und Handeln kirchlicher Kreise schon mehr beeinflußt, als man bei vordergründiger Betrachtungsweise vermutet.

Die Vorläuferin des Feminismus ist die Frauenrechtsbewegung, deren Ansätze bis ins 18. Jahrhundert zurückzuverfolgen sind. „Trotzdem darf der gegenwärtige Feminismus nicht einfach als heutige Form der zu Beginn unseres Jahrhunderts vorhandenen Frauenbewegungen angesehen werden. Während die Frauenbewegungen vor dem 1. Weltkrieg in erster Linie an der politisch-rechtlichen Gleichstellung der Frau interessiert waren (Frauenwahlrecht, Recht auf Bildung und Berufsausübung u.a.) und damit vielfach – jedenfalls in Deutschland – verhältnismäßig konservative Vorstellungen über Eigenart und Aufgabe der Geschlechter hatten, zielt die gegenwärtige feministische Bewegung mehr oder weniger auf die völlige Zerstörung der traditionellen Vorstellung von Mannsein und Frausein." (4)

Der heutige Feminismus hat nichts mehr mit der Frauenrechtsbewegung zu tun. Feministen wollen nicht mehr die Gleichberechtigung der Frau, sondern einen „neuen Menschen" in einer „neuen Traumwelt". Sie wollen eine Kulturrevolution!

Diese Parolen sind uns schon recht vertraut von der „kritischen Theorie" der Neuen Linken. So liegt der Feminismus, der auch in den 60er Jahren seinen Ursprung hat, ganz auf der Welle des Neomarxismus. Herbert Marcuse hat die Bewegung damals schon richtig eingeschätzt: „Ich glaube, daß die Frauen-Befreiungsbewegung (Woman's Liberation Movement) derzeit die vielleicht wichtigste und potentiell radikalste politische Bewegung ist, die wir haben, auch wenn das Bewußtsein dieser Tatsache die Bewegung als Ganzes noch nicht durchdrungen hat." (5)

So ist auch der Feminismus seit Ende der 60er Jahre auf dem Marsch durch die Institutionen und hat in gleichem Maß wie die emanzipatorische Pädagogik die Medien und das Erziehungswesen unterwandert.

Ihre gemeinsamen Ziele lauten: 1. Die Forderung nach Befreiung von den herrschenden Strukturen. 2. Die Befreiung zu einem neuen Bewußtsein. 3. Die Schaffung einer neuen Welt und eines neuen Menschen.

Die Thesen des Feminismus können wir in Kurzfassung auflisten:

1. Der Mann, das männliche Prinzip, das Vatersein, die Vaterherrschaft – eben das Patriarchat – ist an allem schuld.

2. Es gibt keine naturgegebene „Wesensverschiedenheit“ zwischen Mann und Frau. „Man wird nicht als Frau geboren, man wird dazu gemacht.“ Die Frau ist demnach keine gottgewollte Schöpfung, sondern ein Zivilisationsprodukt.

3. Der Sinn des Lebens wird in der Selbstentfaltung bzw. Selbstverwirklichung des Menschen gesehen. Das Prinzip, das diese Entfaltung hervorbringt, ist das Lustprinzip.

4. Die sexuelle Vereinigung von Mann und Frau ist eine Form der Unterdrückung. Das herkömmliche, geschlechtliche Zueinander von Mann und Frau drückt eine aggressive Herrschaftshaltung des Mannes aus und ist deshalb zu verneinen.

5. Deswegen sind gleichgeschlechtliche Liebe und Selbstbefriedigung gut geeignete Mittel zur Lustbefriedigung.

6. Ehe und Familie müssen aufgelöst werden und die Erziehung der Kinder durch Gruppen statt durch die Eltern vollzogen werden.

7. Künstliche Befruchtungen müßten forciert und die Abtreibung legalisiert werden.

8. Auch eine feministische Theologie wird eingeführt. Aus Gottvater wird Gottmutter, „die schwanger ist, in Geburtswehen liegt, ein Kind gebärt und stillt“. Aus dem Gottessohn wird ein Gotteskind.

9. Verwirklicht werden soll schließlich ein androgyner Mensch, ein neuer Mensch, der Weibliches und Männliches harmonisch in sich vereinigt.

Dem Bibelkenner wird sofort aufgefallen sein, daß These für These einen Widerspruch, eine Antithese zur Heiligen Schrift darstellt, eine beispiellose Verhöhnung des Wortes Gottes!

Es wird deutlich, mit welcher Radikalität heute alle überkommenen Vorstellungen von Mannsein und Frausein in Frage gestellt werden. Eine völlige Zerstörung der traditionellen und biblischen Vorstellungen wird angestrebt. Sicherlich verstehen Sie jetzt, auf wessen Konto der Kampf für die Abtreibung und für erweiterte Rechte der Homosexuellen geht.

„Der Feminismus wird über die Familie siegen, wenn das Zueinander von Geschlechtlichkeit und Mutterschaft verneint, ja sogar die Zuordnung der sexuellen Verwirklichung zum jeweils anderen Geschlecht aufgehoben und mit Erfolg Lesbismus propagiert wird." (6)

Wir müssen inzwischen von einem regelrechten Klassenkampf zwischen Mann und Frau sprechen. Der Mann, so wie er ist, gilt als Feind Nummer eins, denn das Patriarchat (die Männerherrschaft) hat das ganze Elend über die Erde gebracht. Jetzt wird der Feminismus das Weibliche befreien und entfalten und in einem Matriarchat (Frauenherrschaft) ein Jahrtausend des Friedens bringen. Das meinen jedenfalls die Verfechter des Feminismus.

Für die Männer bleibt nicht mehr viel übrig. Valerie Solanas meint: „Den Mann ein Tier zu nennen heißt ihm schmeicheln. Er ist eine Maschine, ein ‚Gummipeter auf zwei Beinen'. Die Männer sind verantwortlich für alles Böse, für Unterdrückung, Haß und Gewalt, sie sind unfähig zur Zivilisation, denn ‚jeder Mann gleicht einer Insel'. In sich selbst eingesperrt, emotional isoliert, unfähig, mit anderen zu kommunizieren, hat der Mann einen Horror vor der Zivilisation, vor Menschen, vor der Stadt, vor Situationen, die die Fähigkeit verlangen, Menschen zu verstehen und mit ihnen in Beziehung zu treten." (7)

„Nach Valerie Solanas gehört die Zukunft der Frau, weil Emotion und Kollektiv die Zukunft der Totalzivilisation durchtragen werden: ‚Die wenigen überlebenden Männer', so schlägt sie, die tatsächlich Männer mit dem

Revolver angriff und selbst schließlich durch Selbstmord endete, in ‚barmherziger' Weise vor, ‚mögen ihre kümmerlichen Tage mit Drop-out und Drogen weiter fristen, als Transvestiten in Frauenkleidern herumstolzieren oder passiv die superdynamischen Frauen in voller Aktion bewundern und darin selber als Zuschauer, als Lebende aus zweiter Hand einen Lebensinhalt finden, wenn sie nicht mit den Stiefelleckerinnen auf den Kuhweiden Kinder ausbrüten wollen. Oder sie können gleich um die Ecke zum nächsten Selbstmordcenter gehen, wo sie unauffällig, schnell und schmerzlos vergast werden." (8)

Welch ein militanter Haß schlägt hier den Männern entgegen! Aus diesem Haß heraus wird die geschlechtliche Gemeinschaft mit dem Mann als aggressive Herrschaftshaltung des Mannes abgelehnt. „Es versteht sich von selbst, daß das Zueinander und Miteinander von Geschlechtlichkeit und Zeugung, Liebe und Ehe, Ehe und Familie, von Feministinnen verneint wird. Die Lust wird zur selektierten, einsamen, nur auf Selbstbefriedigung abzielenden Lust. Der Feminismus ist also in seiner radikalen Form in sich selbst die Zerstörung von Ehe und Familie." (9)

Vertreterinnen des Feminismus behaupten ständig, es gäbe keine Wesensunterschiede zwischen Mann und Frau. Man werde nicht als Frau geboren, sondern dazu erzogen. Eine böse, männlichkeitsbezogene Unkultur habe Frauen zu dem gemacht, was sie heute seien.

Zum Abschluß der Darstellung über den Feminismus noch einmal Georg Huntemann: „Der Feminismus betreibt nicht den Kampf gegen den Mann, sondern gegen das Menschsein. Soweit er den Maskulinismus einer atheistisch, sich mißverstehenden Supermännlichkeit als unchristlich und unmenschlich entlarvt, wollen wir gerne von ihm lernen. Aber der Feminismus zerstört das biblische Verständnis der Frau, verneint die besondere Geschöpflichkeit der Frau und treibt sie dadurch in eine tiefgreifende Einsamkeit und quälende Sinnlosigkeit. Die Feministen haben recht: die Frau kann gegen die Schöpfungsbestimmungen leben – wir fragen nur, ob sie diese Verneinung der von Gott gesetzten Schöpfung als Mensch überleben wird. Der Feminismus (femina heißt ja Frau) kämpft gegen die Frau, gegen die Mütterlichkeit in unserer immer einsamer, unpersönlicher und kälter werdenden Gesellschaft. Durch den Feminismus wird es kälter werden auf dieser Erde." (10)

Die Ehe, wie Gott sie gewollt hat

Vielleicht haben Sie beim Lesen der letzten Seiten festgestellt, wie sehr Sie schon von falschen Gedanken beeinflußt sind und wie wenig Ihnen der Wille Gottes, wie er in seinem Wort aufgeschrieben wurde, geläufig ist.

Wenn auch Sie in den nächsten Jahren noch zu denen gehören wollen, die eine der wenigen heilen Ehen führen, dann ist es unumgänglich, daß Sie sich kompromißlos an die Gebote Gottes halten und die Kraft des Heiligen Geistes in Anspruch nehmen. Das ist die einzige Garantie, um die Zukunft bestehen zu können.

„Der Gottlose verlasse seinen Weg und der Übeltäter seine Gedanken und kehre um zum Herrn, so wird er sich seiner erbarmen, und zu unserem Gott; denn er vergibt viel. Denn also spricht der Herr: Meine Gedanken sind nicht eure Gedanken, und eure Wege sind nicht meine Wege; sondern so hoch der Himmel über der Erde ist, so viel höher sind meine Wege als eure Wege und meine Gedanken als eure Gedanken“ (Jesaja 55,7-9).

Sind Sie bereit, Ihre eigenen Vorstellungen, Gedanken und Wege in Frage zu stellen, zu Gott umzukehren und seinen Gedanken zu folgen? Gottes Gedanken sind oftmals nicht unsere Gedanken. Unsere Welt hat zu viele Antithesen zu den Thesen des Wortes Gottes aufgestellt. Wir sind dadurch naturgemäß beeinflußt. Vielleicht meinen Sie jetzt, Gottes Gedanken seien viel zu hoch und wir könnten sie nicht erfassen. Das wäre ein schlimmer Irrtum, denn Gott hat sich und sein Konzept in der Heiligen Schrift geoffenbart und „zeigt dem Menschen an, was seine Gedanken sind“ (Amos 4,13). Ich bin überzeugt, Gott selbst hilft Ihnen, diese Gedanken zu verstehen und umzusetzen, wenn Sie mit dem Psalmisten beten: „Herr, zeige mir deine Wege und lehre mich deine Pfade; leite mich durch deine Wahrheit und lehre mich; denn du bist der Gott meines Heils; auf dich harre ich allezeit“ (Psalm 25,4-5).

Die grundlegendsten Aussagen über Mannsein und Frausein, ihre Aufgaben und Haltungen zueinander, finden wir auf den ersten Seiten der Bibel, in 1. Mose 1-3. Alle weiteren Gedanken des Alten und des Neuen Testamentes bringen nichts grundlegend Neues mehr, sondern bauen auf diesen ersten Aussagen auf.

Die Ehe ist Gottes Erfindung! Sie ist bei der Erschaffung des Menschen in seine Wesensart hineingelegt worden. Die Ehe ist kein, wie moderne Soziologen sagen, gesellschaftliches Phänomen, das deswegen auch dem gesellschaftlichen Wandel unterworfen ist. Sie kann eben nicht durch andere Formen des Zusammenlebens ausgetauscht werden. Wenn der Mensch gegen die Schöpfungsordnung Gottes verstößt, fügt er sich selbst nur Leid zu. Unser Schöpfergott hat mit Sicherheit die besten Ideen für das reibungslose Zusammenleben der Menschen.

Mann und Frau sind gleichwertig

In 1. Mose, 1 lesen wir, daß zum Abschluß und als Höhepunkt der Schöpfung der Mensch geschaffen wird. „Und Gott sprach: Wir wollen Menschen machen nach unserm Bild, uns ähnlich; die sollen herrschen ...“ (Vers 26). Der ausdrückliche Wunsch unseres Schöpfergottes lautete, den Menschen ihm so ähnlich wie nur möglich zu schaffen. Dieser intelligenten Persönlichkeit wollte er die Herrschaft über die Erde anvertrauen. Auch wünschte sich Gott, in dem Menschen ein ebenbürtiges Gegenüber zu haben, mit dem er Gemeinschaft pflegen konnte.

Der nächste Vers beschreibt die Erschaffung des Menschen in seiner Verschiedenartigkeit als Mann und Frau, und nicht etwa als einen androgynen Urmenschen: „Und Gott schuf den Menschen ihm zum Bilde, zum Bilde Gottes schuf er ihn: männlich und weiblich schuf er sie" (Vers 27).

Aus diesem Vers kann ich beim besten Willen nicht die geringste Form einer Unterbewertung der Frau herauslesen. Gott schuf sowohl den Mann als auch die Frau sich selbst zum Bild. Er gab ihnen den gemeinsamen Auftrag, „sich die Erde untertan zu machen".

Die Bibel spricht schon auf den ersten Seiten eine unmißverständliche Sprache: Mann und Frau sind vor Gott gleichwertig! Erst der Mensch hat im Laufe seiner Geschichte diese Einschätzung Gottes immer weiter zurückgedrängt. Schon bei den Juden im Alten Testament wird das deutlich. Aber Gott hat es von Anfang an anders gewollt.

Deshalb legte Jesus gegenüber der Frau eine für die damalige Zeit einzigartige Haltung an den Tag. Sein Verhalten stand im schroffen Gegensatz zu der frauenfeindlichen Praxis des damaligen Judentums. Er war frei von der üblichen Mißachtung der Frau. Für die Zuhörer war es ungewöhnlich, ja geradezu schockierend, Frauen als Hauptfiguren seiner Gleichnisse zu finden. Die Gleichnisreden Jesu enthalten auffallend viele Beispiele aus der Lebenswelt der Frau.

Nahezu skandalös empfand man sein Engagement für leidende und sittlich verachtete Frauen. Er heilte kranke Frauen, führte ein langes Gespräch mit einer Samariterin und schützte eine Ehebrecherin vor der Steinigung.

„In Jesus ist Gottes Wertschätzung der Frau als ebenbürtiger Gefährtin des Mannes in einer Klarheit zutagegetreten, die auch die im Alten Testament sich noch findende Tendenz zur Minderbewertung der Frau endgültig hinter sich läßt." (11)

Für die Männer ist es von größter Wichtigkeit, dem Vorbild Jesu nachzueifern und in allen gesellschaftlichen

Bereichen die Frau als eine gleichwertige Persönlichkeit zu betrachten. Insbesondere in der Ehe gilt es, die Frauen zu lieben, wie Jesus die Gemeinde geliebt und sich für sie hingegeben hat. „Ihr Männer, liebet eure Frauen, gleich – wie auch Christus die Gemeinde geliebt und sich selbst für sie hingegeben hat“ (Epheser 5,25).

Wäre diese Aufforderung in der Menschheitsgeschichte auch nur annähernd befolgt worden, dann wäre eine Frauenrechtsbewegung nicht notwendig gewesen und der Feminismus hätte keinen Nährboden für seinen Männerhaß gefunden. Wir Männer haben es uns selbst zuzuschreiben. Wir sollten schuldbewußt den Kopf einziehen, aber entschlossener denn je Gottes Gebote bezüglich unseres Verhaltens gegenüber dem anderen Geschlecht befolgen.

Mann und Frau sind heterogeschlechtlich

In 1. Mose 1,27 gibt es noch einen weiteren Gedanken, den wir gerade in der heutigen Zeit mit Nachdruck betonen müssen: Gott hat den Menschen heterogeschlechtlich (d.h. verschiedengeschlechtlich) als Mann und Frau geschaffen!

Dieser Bibelvers läßt keinen Raum für einen „androgynen Urmenschen“. Es heißt ausdrücklich: „Als Mann und Frau schuf er *sie!* Und Gott segnete *sie* und sprach zu *ihnen* ...“ Die Pluralformen machen unmißverständlich klar, daß von einem Menschenpaar die Rede ist, und die Begriffe „männlich“ und „weiblich“ betonen die Heterogeschlechtlichkeit.

Die Vorstellung von einem ursprünglich androgynen Menschen ist nicht biblischen, sondern nachweislich heidnischen Ursprungs. Das Ziel des Feminismus, einen androgynen Menschen zu schaffen, ist ein gotteslästerliches, antichristliches Unterfangen, das die Schöpfungsordnung Gottes über den Haufen wirft.

1. Mose 1 ist auch frei von allen Formen der Leibfeindlichkeit. Männliche und weibliche Geschlechtlichkeit wird bejaht und findet ihren Ausdruck in der Geschlechtsgemeinschaft zwischen Mann und Frau: „Und Gott segnete sie und sprach zu ihnen: Seid fruchtbar und mehret euch und füllet die Erde“ (Vers 28). Zum Schluß sah Gott alles an, „was er gemacht hatte, und siehe, es war sehr gut!“ (Vers 31).

Das ist der Gütestempel, den Gott Ihrem Frausein bzw. Mannsein aufdrückt: es ist sehr gut! Wir sind in seinem Bilde als gleichwertige Persönlichkeiten geschaffen, allerdings in der Verschiedenartigkeit von Mann und Frau. Zusammen haben wir die Aufgabe, uns die Erde untertan zu machen.

Wie Sie schon gelesen haben, setzt der Feminismus eine Antithese: Mann und Frau sind nicht gleichwertig; die Frau steht höher als der Mann und soll ein Matriarchat errichten. Es gibt keine wesenhafte Verschiedenartigkeit; die Frau wird nicht als solche geboren, sondern durch die Gesellschaft dazu gemacht. Die Gesellschaft muß verändert und ein androgyner Mensch geschaffen werden!

Mann und Frau sind verschiedenartig

Der Gedanke der Gleichwertigkeit von Mann und Frau muß sorgsam unterschieden werden von dem der Gleichartigkeit. Denn davon spricht die Bibel nicht. Wir sind als Mann und Frau verschiedenartig zu unserer Ergänzung und gegenseitigen Hilfe geschaffen und haben so auch unterschiedliche Aufgaben.

Mann und Frau sind in wesentlichen Bereichen grundlegend unterschiedlich veranlagt. Die Verkennung dieser biblischen Tatsache führt immer wieder dazu, daß 1. Mose 2,18 zum Streitpunkt wird: „Und Gott der Herr sprach: Es ist nicht gut, daß der Mensch allein sei; ich will ihm eine Gehilfin machen, die ihm entspricht!“

Dieser Vers ist als Ergänzung zu Vers 27 im 1. Kapitel zu verstehen. Während in 1. Mose 1,27 das Haupteigenmerk auf die Gleichwertigkeit von Mann und Frau vor Gott gelegt wird, steht in dem eben zitierten Vers die Verschiedenartigkeit und Ergänzungsnotwendigkeit im Vordergrund. Aber die Gleichwertigkeit wird dadurch nicht gemindert.

Dabei liegt doch auf der Hand, was Gott in diesem Vers sagen will: seine Antwort auf die Einsamkeit des Menschen. „Es ist nicht gut, daß der Mensch allein sei!" Die grundlegendste Bedeutung der Ehe ist, das Problem der Einsamkeit zu lösen. Die lebenslange Hingabe und Treue, sowohl in guten wie in schlechten Tagen, ist das beste Mittel gegen Einsamkeit, Angst und Depressionen.

„Ehe beginnt mit dem Wunsch nach Kameradschaft und Ergänzung. Gott sah und verstand von Anfang an dieses Bedürfnis und ersann Abhilfe von der fundamentalen Einsamkeit, die jeder Mensch erlebt. Wer aber die Bedürfnisse seines Ehepartners – seien sie geistlicher, intellektueller, emotionaler oder physischer Art – ignoriert, wird immer noch einsam sein." (12).

Das Zusammenleben von Mann und Frau wird durch zwei Begriffe charakterisiert, die sich aus der Verschiedenartigkeit der beiden Geschlechter ergeben: „Entsprechung" und „Hilfe". „Ich will ihm eine *Gehilfin* machen, die ihm *entspricht!*"

Beide Begriffe müssen wir für die Praxis des Ehealltags sorgsam betrachten. Zunächst den Begriff der „Entsprechung". In ihm finden wir die Bedeutung der Gleichwertigkeit wie auch die der Ergänzung. Von Minderbewertung ist nicht die Rede. Die Frau ist eine ebenbürtige, wenn auch verschiedenartige „Entsprechung". Beide, Mann und Frau, sind gleichwertig vor Gott, aber verschiedenartig in ihren Aufgaben. Sie brauchen einander, und nur in der gottgewollten „Entsprechung" werden beide ihre Erfüllung finden.

In einer Ehe können viele Probleme und Mißverständnisse auftauchen, wenn man nicht eingestehen will, daß Mann und Frau in wesentlichen Bereichen grundverschieden sind und unterschiedliche Aufgaben zu erfüllen haben.

Die Unterschiede in körperlicher Hinsicht sind am wenigsten zu leugnen. Das Skelett des Mannes ist stärker und mehr auf Belastung ausgerichtet. Der Knochenbau der Frau ist zarter, dünner und weniger schroff. Es ist ein Unding, einer Frau die gleiche schwere körperliche Arbeit aufzubürden wie einem Mann. Aber genau das geschieht in den Ostblockstaaten, wo auf Grund der ideologischen Gleichmacherei Frauen im Straßenbau und im Hochbau schwere körperliche Arbeit leisten müssen.

Aus den körperlichen Unterschieden ergibt sich ganz natürlich die Aufgabe für den Mann, seine Frau zu schützen, Kavalier zu sein, ihr schwere Arbeiten abzunehmen. Logischerweise existiert eine Aufgabenteilung, die zwischen männlichen und weiblichen Aufgaben unterscheidet. Gerade gegen diese naturgegebenen Unterscheidungen wird heute vehement angegangen.

Es gibt aber noch mehr grundlegende körperliche Unterschiede. Eine Frau hat eine wesentlich zartere und weichere Haut und ist dadurch auch empfindsamer für Berührungsreize. Und sie hat deswegen auch öfter als ihr Mann Sehnsucht nach romantischer Geborgenheit. Gerade wenn Männer sich über diese Tatsache nicht klar sind, gehen sie zu wenig auf die Bedürfnisse ihrer Frau ein und vernachlässigen sie auf dem Gebiet der Zärtlichkeit. Diese Dinge sollten Ihnen bekannt sein, damit Sie richtig auf Ihren Ehepartner eingehen können.

Ein schöpferisches Geheimnis ist der Monatszyklus der Frau, durch den Monat für Monat ein Ei zur Befruchtung bereitgestellt wird. Für viele Männer ist total unverständlich, daß dieser Zyklus das Leben der Frau nicht nur körperlich, sondern auch seelisch so sehr beeinflußt, daß es

Zeiten gibt, in denen sie körperlich oder seelisch nicht so belastbar ist wie üblich. Zum einen muß die Frau ihren Zyklus als „typisch weiblich“ anerkennen und lernen, damit zu leben. Zum anderen schadet es nicht, wenn der Ehemann darüber Bescheid weiß und seine Frau besser verstehen kann.

Es ist nicht zu leugnen, daß die Geschlechtsorgane der Frau und ihr ganzer Organismus auf Empfängnis, Tragen, Gebären und Ernähren eines Kindes ausgerichtet sind. Die Geschlechtsorgane des Mannes sind dagegen zum Geben und Lebenerzeugen geschaffen. Bei allem Gerede vom Rollentausch gibt es hier nichts zu tauschen. Und es wird verständlich, warum der Haß des Feminismus sich gerade gegen die gottgewollte Geschlechtlichkeit von Mann und Frau, gegen das Muttersein, gegen das Austragen und Aufziehen von Kindern richtet.

Die rein körperlichen Unterschiede haben natürlich einen Einfluß auf das Seelenleben von Mann und Frau. Eine Frau hat in der Regel im Gefühlsleben eine größere Sensibilität und zeigt manchmal ein stärkeres Einfühlungsvermögen. Während der Mann im abstrakten Erfassen mathematischer, naturwissenschaftlicher und technischer Zusammenhänge meistens der Frau überlegen ist, weist die Frau oft eine verbale Überlegenheit auf, ohne daß ein Intelligenzunterschied bestehen muß.

Sie bewertet Dinge normalerweise mehr intuitiv und kann damit eine wertvolle Ergänzung für ihren Ehepartner sein, der Entscheidungen vielfach strikt nach den Gesetzen der Logik treffen möchte. Eine kleine Beobachtung kann Ihnen das sehr schnell zeigen: Oft werden Diskussionen über zukünftige Entscheidungen von Frauen wie folgt abgeschlossen: „Schatz, nach meinem Empfinden sollten wir die Sache so machen.“ Der Mann sagt im gleichen Fall eher: „Meiner Meinung nach ist es so richtig.“ Beobachten Sie sich selbst einmal!

Gott hat uns unterschiedlich geschaffen, damit wir uns

damit ergänzen und helfen können, und nicht, damit wir uns auf die Nerven gehen, weil wir nicht anerkennen wollen, daß wir Eindrücke unterschiedlich verarbeiten.

Da regt sich ein Mann auf: „Mit meiner Frau kann ich mich nicht unterhalten; sie ist immer so emotional und so schnell den Tränen nahe. Ich verstehe sie nicht.“ Schade! Er hat ganz verkannt, daß Gott ihm nicht einen Kumpel vom Stammtisch zur Frau gegeben hat, sondern eine wunderbare, andersartige Persönlichkeit, die genau paßt, um seine Ecken und Kanten abzuschleifen. Aufgrund ihrer wesenhaften Verschiedenheit kann sie seinen Mangel und seine Hilfsbedürftigkeit durch ihre Gaben ausgleichen. Das gleiche gilt natürlich auch in umgekehrter Weise.

Wenn Sie es noch nicht getan haben, machen Sie sich auf, die Persönlichkeit Ihres Ehepartners zu erforschen und kennenzulernen. Erst wenn Sie das getan haben, können Sie ihm wirklich eine gleichwertige „Entsprechung“ sein, wie 1. Mose 2,18 es sagt. „Dieses Geheimnis ist groß ...“ schreibt Paulus dann in Epheser 5,32. Man kann sein ganzes Leben für dieses Abenteuer benötigen!

Aufgabenteilung zwischen Mann und Frau

Der Gedanke der „Gehilfin“ in 1. Mose 2,18, darf nicht losgelöst von dem der „Entsprechung“ stehen: eine *entsprechende* Gehilfin ist gemeint.

Hier ist in keiner Weise die passive Haltung einer Untergebenen gemeint, die eine willenlose Befehlsempfängerin geworden ist. Der hebräische Urtext spricht von einem Beistand und einer Unterstützung als Freund und Verbündeter.

Das hebräische Wort „Hilfe“ wird in Psalm 46,1 auf Gott selbst bezogen: „Gott ist unsere Zuversicht und Stärke, eine Hilfe, in Nöten kräftig erfunden.“ Allein dieser Vergleich mit dem Dienst Gottes für uns sollte ein ganz anderes Licht auf die Bedeutung der „Gehilfinnenaufgabe“ der Frau werfen.

Wir müssen akzeptieren, daß Gott Mann und Frau verschiedene Aufgaben gibt, die allein schon in dem wesenhaften Unterschied der Geschlechter begründet sind. Trotzdem wird dadurch nicht einer geringer gemacht als der andere. Nach 1. Mose 1,28 haben wir gemeinsam den Auftrag, uns die Schöpfung untertan zu machen; die jeweiligen Aufgaben sind allerdings unterschiedlich.

„Während die Frau durch ihre Mutterschaft stärker als der Mann mit der Aufgabe der Fortpflanzung und allem, was damit zusammenhängt, betraut ist, ist dem Mann in besonderer Weise das Untertanmachen der Erde anvertraut, wie in 1. Mose 2 an seiner Bebauungsaufgabe und der Namengebung der Tierwelt sichtbar wird. So erfüllen Mann und Frau gemeinsam den göttlichen Schöpfungsauftrag, aber so, daß jeder in einer seiner geschlechtlichen Eigenart angemessenen Weise zu seiner Erfüllung beiträgt.“ (13)

Dem Mann wird im Alten und Neuen Testament die geistliche und praktische Führung zugesprochen. Er gewährleistet praktischen und geistlichen Schutz. Die Überordnung des Mannes muß so als eine Segensordnung gesehen werden, die dem Wohl der Frau dient und ihrer Schutzbedürftigkeit entspricht.

Der Frau wird in der Bibel das Leben als Gefährtin und Ergänzung ihres Mannes zugesprochen. Ihr steht allein schon aus biologischen Gründen die Mutterschaft zu: Leben empfangen, tragen und bewahren. Trotzdem wird als erstrangige Aufgabe der Frau nicht die Mutterschaft genannt, sondern das Leben als Gefährtin des Mannes. Sprüche 31 zeigt, wie das Leben einer erfüllten Frau aussehen sollte:

„Ein wackeres Weib – wer findet es? – ist weit mehr wert als köstliche Perlen! Auf sie verläßt sich ihres Mannes Herz, und an Gewinn mangelt es ihm nicht. Sie erweist ihm Gutes und nichts Böses ihr ganzes Leben lang. Sie zieht Wolle und Flachs und verarbeitet es mit willigen Händen. Wie die Handelsschiffe bringt sie ihr Brot aus der Ferne herbei. Bevor der Morgen graut, ist sie schon auf und gibt Speise heraus für ihr Haus und befiehlt ihren Mägden. Sie trachtet nach einem Acker und erwirbt ihn auch; mit dem Ertrag ihrer Hände pflanzt sie einen Weinberg an. Sie gürtet ihre Lenden mit Kraft und stählt ihre Arme. Sie sieht, daß ihre Arbeit gedeiht; ihr Licht geht auch des Nachts nicht aus. Sie greift nach dem Spinnrokken, und ihre Hände fassen die Spindel. Sie tut ihre Hand dem Unglücklichen auf und reicht ihre Hände den Armen. Vor dem Schnee ist ihr nicht bange für ihr Haus, denn ihr ganzes Haus ist in Scharlach gekleidet. Sie macht sich selbst Decken; Linnen und Purpur ist ihr Gewand. Ihr Mann ist wohlbekannt in den Toren, wenn er unter den Ältesten des Landes sitzt. Sie macht Hemden und verkauft sie und liefert dem Händler Gürtel. Kraft und Würde ist ihr Gewand, und sie lacht des künftigen Tages. Ihren Mund öffnet sie mit Weisheit, und freundliche Unterweisung ist auf ihrer Zunge. Sie behält ihre Haushaltung im Auge und ißt nie das Brot der Faulheit. Ihre Söhne wachsen heran und preisen sie glücklich; ihr Mann rühmt sie ebenfalls: ‚Viele Töchter sind wackere Frauen geworden; aber du übertriffst sie alle!‘ Anmut besticht und Schönheit vergeht; ein Weib, das den Herrn fürchtet, soll man loben. Gebt ihr von den Früchten ihres Wirkens, und ihre Werke werden sie loben in den Toren!“ (Sprüche 31,10-31).

Dieser Text widerlegt eindrucksvoll jede pseudochristliche These, die Lebensaufgabe der Frauen erschöpfe sich darin, einfallslos und abgestumpft Essen zu kochen, Strümpfe zu stopfen, Kinder zu versorgen und auf weitere Befehle des Ehemannes zu warten. Vielmehr betont der Text die vielfältigen Aufgaben, die die Frau in eigener Regie zu erledigen hat.

Hier wird eine Frau beschrieben, die ihre Berufung als „entsprechende Gehilfin“ voll angenommen hat. Sie hat ihr Leben darauf ausgerichtet, ihrem Mann zur Seite zu stehen und ihm zu helfen: „Sie erweist ihm Gutes und nichts Böses ihr ganzes Leben lang.“

Dabei hat sie einen abwechslungsreichen und selbständigen Wirkungskreis. Sie hat Befehlsgewalt über Angestellte und tätigt eigene Geschäftsabschlüsse. Darüber hinaus hat sie Erfolg in der Kindererziehung und eine offene Hand für die Armen. Die Vielfalt ihrer Arbeit überfordert sie nicht: „Sie lacht des künftigen Tages. Ihren Mund öffnet sie mit Weisheit, und freundliche Unterweisung ist auf ihrer Zunge.“

Worin besteht nun das Geheimnis dieses erfüllten Lebens? Die Antwort ist einfach: Sie hat ihre von Gott gegebene Berufung voll angenommen, ist entschlossen, treu an der Seite ihres Mannes zu leben und ihm ihr ganzes Leben lang Gutes zu erweisen. Ihre Söhne preisen sie glücklich, und ihr Mann rühmt sie ebenfalls. So sieht eine heile, glückliche Familie aus.

Ihr Mann vertraut ihr, weil er ihre Hingabe kennt. Sie arbeitet selbständig in ihrem Aufgabenbereich, der alles umfaßt, was Grundstück, Ernährung, Kleidung und Wohnen betrifft, während sein Arbeitsbereich außerhalb des Hauses liegt. Sein „Sitzen in den Toren“ heißt nicht, daß er dort den Tag über faul herumgammelt. Vielmehr wird damit seine leitende Funktion im Stadtrat beschrieben.

Im Neuen Testament werden die Gedanken der Aufgabenteilung zwischen Mann und Frau wieder aufgegriffen. In 1. Korinther 11,3 spricht Paulus von einer vierfachen Stufenordnung: Gott – Christus – Mann – Frau. „Ich will aber, daß ihr wisset, daß Christus eines jeglichen Mannes Haupt ist, der Mann aber des Weibes Haupt, Gott aber Christi Haupt“ (1. Korinther 11,3).

Das Thema Unterordnung, wie es hier anklingt, und wie es auch in Epheser 5,22 erwähnt wird, ist für viele ein negatives Reizwort. „Die Frauen seien ihren eigenen Männern untertan, als dem Herrn; denn der Mann ist des Weibes Haupt, wie auch Christus das Haupt der Gemeinde ist; er ist des Leibes Retter. Wie nun die Gemeinde Christus untertan ist, so seien es auch die Frauen ihren eigenen Männern in allem“ (Epheser 5,22-24).

Bei vielen Diskussionen auf Konferenzen und Tagungen habe ich festgestellt, daß Unterordnung letzten Endes nur die Christen verstehen können, weil ihr Vorbild Jesus Christus ist, der sich auch freiwillig Gott untergeordnet hat.

Dieser Vergleich der Unterordnung zwischen Gott-Vater und Gott-Sohn sowie zwischen Mann und Frau macht deutlich, daß diese Unterordnung nicht im geringsten etwas mit einer Minderbewertung oder Unterdrükkung der Frau zu tun hat. Es ist eine aus Liebe geborene freiwillige Unterordnung gleichwertiger Personen. So wie sich Christus aus Liebe freiwillig seinem Vater untergeordnet hat, so soll sich der Mann Christus und die Frau dem Mann unterordnen.

Ihre Unterordnung führt die Frau nicht in Unterdrükkung und Unselbständigkeit, sondern bedeutet umgekehrt praktischen und geistlichen Schutz. Letztlich kann sie nur so zu einer ausgefüllten Persönlichkeit finden, weil sie ihr Frausein angenommen hat. Manch einer Frau fällt diese Haltung nicht leicht. Einmal ist da die „Gehirnwäsche“ des feministischen Gedankenguts, und dann helfen viele Männer ihren Frauen nicht gerade, ihre Berufung anzunehmen.

Die biblische Überordnung des Mannes ist mit einer hohen Verantwortung und Hingabe verbunden, zu der manch ein Mann zunächst nicht in der Lage ist. Er meint, er hielte mit dem Gebot der Unterordnung der Frau einen Freibrief für die Durchsetzung seiner egoistischen Wünsche in der Hand.

Das Gebot, die Frauen sollen sich ihnen unterordnen,

hören Männer gern, aber der Voraussetzung, nämlich ihre Frauen so zu lieben, wie Christus die Gemeinde geliebt hat, wollen sie nicht nachkommen. Aber es heißt eindeutig: „Ihr Männer, liebet eure Frauen, gleichwie auch Christus die Gemeinde geliebt und sich selbst für sie hingegeben hat" (Epheser 5,25).

In der Hingabe und Liebe Christi zur Gemeinde – darüber gibt es viel nachzudenken und man kann zahlreiche Parallelen zum Ehealltag finden – zeigt sich für die Männer das Vorbild für das Zusammenleben mit ihren Frauen. Dieser Vergleich mit Christus nimmt dem Mann jede Legitimation zur Willkürherrschaft. Es ist eine Regentschaft der Liebe! Ohne klare Unterordnung unter Christus und die tägliche Inanspruchnahme seiner Hilfe können die Männer ihrer Berufung nicht gerecht werden.

Liebe und Hingabe suchen immer das Beste des Ehepartners. Diese Liebe kann verzichten und den anderen an erste Stelle setzen. Sie kann auf den anderen eingehen, zuhören, seine Gedanken und Wünsche berücksichtigen. Diese Haltung führt dazu, Verantwortung zu übernehmen, Initiative zu ergreifen und Entscheidungen zu treffen, die nicht egozentrisch sind, sondern das Wohl aller Familienmitglieder berücksichtigen. Die Berufung als Mann anzunehmen erfordert schon den ganzen Einsatz. Zu viele Männer haben sich aus ihrer gottgewollten Verantwortung herausgestohlen und sich auf einen Egotrip begeben. Kein Wunder, wenn ihre Frauen dann das Bedürfnis haben, sich zu emanzipieren.

Jede klischeehafte Über- bzw. Unterordnung in Machtpositionen weist die Bibel im Zusammenleben von Mann und Frau von sich. Es gibt kein Machtmonopol für den Mann, das ihm erlaubt, einsame Entschlüsse zu fassen, ohne auf seine Frau zu hören.

Allein der Ausdruck „Entsprechung" sagt schon, daß wir als Ehepaar Dinge gemeinsam beraten und beschließen sollen. Die Frau ist nicht vom kritischen Mitdenken befreit, wie es vielleicht in manchen Vorstellungen noch herumgeistert.

Weil Sie als Mann wissen, daß Sie „hilfebedürftig" sind, werden Sie um so aufmerksamer auf die Ratschläge Ihrer Frau hören. Weil Sie als Frau die gottgewollte Entsprechung Ihres Mannes sind, werden Sie sich bemühen, sich in seine Gedanken und Pläne einzufühlen, damit Sie gemeinsam die richtigen Entschlüsse fassen. „Aber was ist, wenn wir uns nicht einig werden? Wie verhält man sich dann?"

Alles Streiten, Nörgeln, Verhandeln, Kämpfen macht die Sache nur schlimmer. Entweder gibt der Mann widerwillig nach, weil er es satt hat, sich weiter darüber zu streiten, oder er verläßt dickköpfig das Wohnzimmer und macht, was er will.

Nach biblischem Muster soll der Mann aufmerksam seiner Frau zuhören und auf alle ihre Ratschläge und Einwände achten. Kommen Sie zu keiner Einigung, kann eine kluge Frau so reagieren: „Ich habe dir alles gesagt, was ich darüber denke. Dies ist meine Sicht. Bitte denke nach, bete darüber und frage Gott, wie die Entscheidung aussehen soll."

Dann läßt sie ihn die Entscheidung treffen und betet für ihn. Wenn ein Mann von seiner Frau solche Worte hört, wird er eher geneigt sein, die Sache zu überdenken. Es wird ihm leichterfallen, einen neuen, besseren Weg zu suchen, den beide akzeptieren können, als wenn er, wegen des Wortgefechtes irritiert und verärgert, ungute spontane Entscheidungen trifft.

Nehmen Sie Gottes Gedanken zum Zusammenleben in der Ehe wieder voll in den Alltag hinein. Begegnen Sie einander mit großer Achtung und Liebe – schließlich sind Sie beide gleichwertig vor Gott. Jede Herabsetzung, Erniedrigung, Mißachtung muß ausgeschaltet werden.

Nehmen Sie an, daß Sie auf Grund Ihres Geschlechts unterschiedlich sind; nicht höher oder geringer, sondern verschiedenartig. Gott hat Sie zu Ihrer gegenseitigen Ergänzung geschaffen. Nehmen Sie Ihre Berufung als Mann bzw. als Frau voll an!

Sagen Sie sich: „Ich will mit Freuden Mann sein! Und meine Frau lieben, ehren, mich für sie einsetzen, ja, sogar für sie hingeben – wie Christus die Gemeinde geliebt und sich für sie hingegeben hat."

Fangen Sie heute ganz praktisch damit an. In geistlicher Hinsicht: Beten Sie für Ihre Familie. Ergreifen Sie die Initiative für die Familienandacht. Sprechen Sie mit Ihrer Frau über geistliche Dinge, beten Sie zusammen und lernen Sie so, geistliches Haupt Ihrer Familie zu werden! In praktischer Hinsicht: Halten Sie Wort, stehen Sie zu Ihren Versprechungen. Packen Sie mit zu, wo es schwere Arbeit gibt. Nehmen Sie Ihrer Frau Verantwortung ab, wo sie sich überfordert fühlt, und zeigen Sie, daß man sich wirklich auf Sie verlassen kann!

Und für Sie als Ehefrau: Seien Sie mit Hingabe und Freude Frau. Ein häufiges Sprichwort sagt: „Ich muß meinen Mann stehen!" Lassen Sie sich das als Frau sagen: Sie werden niemals ihren Mann stehen können. Das wird immer in Frustration, Enttäuschung und Bitterkeit enden. Sie können nicht die Aufgaben eines Mannes bewältigen; hören Sie auf, eifersüchtig zu sein und sich zu emanzipieren. Das, was Sie mit ganzer Erfüllung und Freude tun können, ist ‚Ihre Frau zu stehen' und ‚mit Freuden Frau zu sein'!

Nehmen Sie Ihre Verschiedenartigkeit an, und arbeiten Sie daran, für Ihren Ehemann eine Entsprechung, ein ebenbürtiges Gegenüber zu sein. Stellen Sie sich entschieden an seine Seite, und sagen Sie es ihm neu: „Ich will dir eine Hilfe sein!"

Machen Sie dies zu Ihrem Gebet: „Jesus, so wie Du Dich freiwillig Gott untergeordnet hast, will ich mich meinem Mann unterordnen und ihm zur Seite stehen und helfen, daß er immer mehr Haupt wird in Deinem Sinne!"

Einer muß den Anfang machen! Fangen Sie an, ohne darauf zu warten, daß der andere den ersten Schritt tut. Nur ein Mensch, der seine Verschiedenartigkeit, Berufung und auch seine Verantwortung – ob als Mann oder als Frau – angenommen hat, wird ein wirklich erfülltes Leben führen können.

„Anhangen" statt „Selbstverwirklichen"

In dem folgenden Vers aus 1. Mose 2 finden wir die wohl prägnanteste Aussage zu dem Beginn einer Ehe. Probleme in der Ehe sind oft auf die Mißachtung der hier gegebenen Anweisung zurückzuführen. „Darum wird der Mensch seinen Vater und seine Mutter verlassen und seinem Weibe anhangen, daß sie zu einem Fleische werden" (1. Mose 2,24).

In diesem Vers werden uns drei Gedanken nahegebracht. Zunächst „darum wird ein Mensch Vater und Mutter verlassen ..." Die Ehe beginnt mit dem Aufgeben der vorher vertrauten Beziehungen. Der Mann muß sich in erster Linie an seine Frau gebunden wissen und die Frau an ihren Mann. Die Bibel spricht von einem einschneidenden Neuanfang zu zweit.

Einmal ist damit die Bindung zu den beiden Elternteilen gemeint. Aus Gutwilligkeit, Geldmangel, oder weil die beiden ja noch so unselbständig sind, wird oftmals angeboten, doch im Haus der Eltern oder Schwiegereltern zu wohnen, womöglich noch ohne abgeschlossene Wohnung und ohne eigenen kleinen Haushalt. Das kann nicht gut gehen.

Sowohl die Eltern als auch die verheirateten Kinder haben darauf zu achten, daß ein eigenes „Nest" gebaut wird mit dem dazugehörigen Haushalt und mit einer ungestörten Intimsphäre. Der Mann ist verantwortlich für den neuen Haushalt. Er darf nicht mehr von seinen Eltern abhängig sein und auch nicht mehr unter deren Autorität leben.

Nach wie vor besteht natürlich das Gebot, die Eltern zu ehren und auch für sie zu sorgen (Matthäus 15,3-9; 1. Timotheus 5,4-8) – aber aus dem entsprechenden Abstand und der Selbständigkeit heraus.

Bei einem ehelichen Beratungsgespräch klagte ein Mann über die nicht mehr ertragbaren Eifersuchtsszenen seiner Frau. Er erzählte mir dabei, daß seine Mutter schon seit der Eheschließung mit im gleichen Haushalt lebte. Er verbrachte viel Zeit mit ihr und hatte sich offensichtlich nicht lösen können. Auf meine Frage: „Sag mal, wer ist für dich eigentlich wichtiger: deine Frau oder deine Mutter?“ kam prompt die Antwort: „Für mich sind beide gleich wichtig.“ Hier lag der Hase im Pfeffer. Das „Verlassen“ hatte noch nicht stattgefunden und führte so immer wieder zu Eifersuchtsszenen. Die Frau spürte, daß sich ihr Mann ihr nicht ungeteilt hingegeben hatte. Bei aller Achtung den Eltern gegenüber muß der Ehepartner den ersten Platz einnehmen.

Oftmals übernehmen Wohngemeinschaften für ein junges Ehepaar die elterliche Fürsorgefunktion. Da haben zwei geheiratet und wohnen nun in einem Zimmer mit anderen Ledigen oder auch Verheirateten innerhalb einer Wohngemeinschaft. Wenn man nicht klug ist, können hier die gleichen Probleme auftauchen wie im eigenen Elternhaus.

Jungverheiratete brauchen eine Privatsphäre, sonst werden sie ihrer jungen Ehe Schaden zufügen. Dazu gehört ein eigener Wohnbereich mit einer abschließbaren Tür, um wirklich ungestört allein sein zu können, und eine kleine Küche, um einige Mahlzeiten für sich zu haben. Die anderen müssen akzeptieren, daß die beiden unbedingt Zeit für sich allein benötigen. Das Leben kann nicht einfach so weitergehen, wie es vor der Hochzeit war. Alte Beziehungen müssen in den Hintergrund treten, und die beiden Ehepartner müssen sich gegenseitig in den Mittelpunkt stellen.

Die Gefahr, Konflikten auszuweichen, anstatt sie gemeinsam zu lösen, ist in einer Wohngemeinschaft größer als in einer Wohnung, die man zu zweit bewohnt. In einer größeren Gemeinschaft kann man sich leichter aus dem Weg gehen und Abwechslung und Gespräche mit anderen suchen. In einer Ehe sollen aber gerade die gefühlsmäßigen Defizite durch den Ehepartner ausgeglichen werden.

In einer jungen Ehe muß alles andere zunächst zweitrangig werden: Beruf, Karriere, Hobbys, Talente, Interessen, Mitarbeit in der Gemeinde. „Es gibt vieles, was dem Aufbau einer echten Ehe hindernd im Wege steht. Ich habe Frauen gesehen, die derartig von ihrer Arbeit oder ihrer Fortbildung besessen waren, daß sie in ihrer eigenen Wohnung und Familie nicht wie Ehefrauen, sondern eher wie Untermieter wirkten. Natürlich ist die Überbetonung der Kleinigkeiten des Haushalts einer guten Ehe ebenso abträglich. Ich lernte Männer kennen, die ihre Jagdfreunde oder Golfkameraden nicht in dem Maße verlassen konnten, wie es für eine liebesbestimmte Beziehung zu ihren Frauen notwendig gewesen wäre. Manche Männer können sich auch nicht rechtzeitig von den Sportsendungen am Fernsehen losreißen, um mit ihren Frauen zu kommunizieren. Ich habe Situationen beobachtet, in denen entweder der Mann oder die Frau so tief in die Gemeindearbeit verwickelt waren, daß ihre Ehe darunter gelitten hatte. Und in manchen Fällen gab die Mutter oder der Vater den Kindern den Vorrang; als diese Kinder dann erwachsen waren, ließen sie eine Leere zurück. Die Ehe war gefühlsmäßig bankrott." (14)

Das nächste Prinzip, das in 1. Mose 2,24 genannt wird, ist mit dem Wort „Anhangen" umschrieben. Geistlich gesehen ist damit eine völlige Auslieferung an Gott gemeint, ein Festhalten, ein inniges Verbundensein mit ihm.

Diese Haltung sollten wir auch auf den Ehepartner übertragen. Alles, was zu einer Distanz führen kann, sollte vermieden werden. Sie sind zu einer untrennbaren Einheit vorgesehen! Bei allen neuen Entscheidungen und Unternehmungen sollten Sie sich fragen: Wird dieses uns mehr zusammenschweißen oder auseinander bringen?

Suchen Sie sich Aktivitäten, die Sie gemeinsam bewältigen können. Gehen Sie gemeinsam in eine Kirche, besuchen Sie gemeinsam einen Hauskreis, finden Sie Aufgaben im Reich Gottes, die Sie gemeinsam durchführen können. Wenn es um Freizeitbeschäftigungen oder Hobbys geht, berücksichtigen Sie Ihrer beider Interessen.

In 5. Mose 24,5 lesen wir einen interessanten Vers: „Wenn jemand kürzlich ein Weib genommen hat, so soll er nicht in den Krieg ziehen, und man soll ihm nichts auflegen; er soll in seinem Hause ein Jahr lang frei sein, daß er sein Weib erfreue, das er genommen hat."

Dies ist ein Bibelvers, der überhaupt nicht mehr in unsere Zeit zu passen scheint. Stellen Sie sich vor, ein junges Ehepaar würde sich ein ganzes Jahr Zeit nehmen und miteinander lernen, Ehe aufzubauen und zu leben!

Kaum vorstellbar bei der Schnellebigkeit und dem Streß unserer Zeit. Da verliebt man sich und heiratet nach kurzer Zeit. Für einen Hochzeitsurlaub bleibt keine Zeit, da die Berufsausbildung im Wege steht oder der nächste Missionseinsatz schon geplant ist. Man ist nicht bereit, liebgewonnene Beziehungen und Angewohnheiten aufzugeben, und meint, die Ehe so nebenbei aufbauen zu können.

Kein Wunder, daß gemäß statistischer Angaben die meisten Ehescheidungen nach dem dritten und vierten Ehejahr vollzogen werden. So einfach ist Ehe nicht zu bauen! Gerade die jungverheirateten Ehepaare brauchen Zeit, um sich aufeinander einzustellen, aneinander zu gewöhnen und zu lernen, auch im innigsten persönlichen Bereich den anderen höher zu achten als sich selbst. Das ist im Streß der Arbeitsbelastungen, der gesellschaftlichen Verpflichtungen und der Gemeindearbeit einfach nicht möglich. Die Bibel sieht die Lage jedenfalls realistischer als wir es meist tun!

1. Mose 2,24 sagt uns außerdem, daß das junge Ehepaar „zu einem Fleische“ werden soll. Mit diesem Ausdruck ist grundsätzlich die geschlechtliche Gemeinschaft gemeint. Aber die Bedeutung geht noch weit darüber hinaus. Man könnte es am ehesten als innige Gemeinschaft umschreiben, die Geist, Seele und Leib umfaßt. Das ist mehr als nur Zusammengehörigkeit oder geschlechtliche Gemeinschaft.

„Dem göttlichen Plan gemäß schließt das geschlechtliche Beieinander von Mann und Frau sowohl ein körperliches Wissen als auch eine zarte, innige, persönliche Kenntnis ein. So resultiert das Verlassen, Anhangen und die gegenseitige Kenntnis in einer neuen Identität, die aus dem Zusammenfluß zweier Individuen in eins entstehen. Diese Einheit umschließt den Verstand, das Herz, den Körper und die Seele. Deshalb hat Ehescheidung auch eine so verheerende Wirkung. Sie hinterläßt nicht zwei Personen, sondern die Bruchstücke einer einzigen. Im Neuen Testament wird das Schöpfungsgeheimnis des Ein-Fleisch-Seins mit der darin enthaltenen sexuellen Dimension benutzt, um ein größeres, tieferes Geheimnis zu illustrieren, nämlich die Beziehung zwischen Jesus Christus und seiner Braut, der Gemeinde: ‚Um deswillen wird ein Mensch Vater und Mutter verlassen und seinem Weibe anhangen und werden die zwei ein Fleisch sein. Dieses Geheimnis ist groß; ich aber deute es auf Christus und auf die Gemeinde‘“ (Epheser 5,31-32). (15)

Die biblischen Aussagen zur Ehe klingen ganz anders als das, was wir von anderer Seite serviert bekommen. Die Antithese zu diesem Bibelvers, der uns unmißverständlich das Prinzip des Anhangens, der Hingabe, der tiefen Einheit deutlich macht, ist die heutige Ideologie von einer uneingeschränkten Selbstverwirklichung.

Selbstverwirklichung ist der Todesstoß für die Ehe!

Wenn allen Ernstes zwei Menschen zusammenleben wollen und trotzdem darauf bedacht sind, sich ihren autonomen Freiraum zu bewahren, wird dies nur in die Isolation führen. Menschen, die nur auf ihre Rechte pochen und allein auf sich bezogen sind, werden in jeder zwischenmenschlichen Beziehung scheitern.

Die biblische Antwort auf die feministische Ideologie der Selbstverwirklichung lautet: „Einer achte in Demut den anderen höher als sich selbst!“ (Philipper 2,3).

Die Bedrohung durch eine fehlgesteuerte Sexualität

Die sexuelle Revolution

Die Zielsetzung der Moralrevolution offenbart sich wohl am deutlichsten in der neuen Auffassung von Sexualität. Was gestern noch schockierend wirkte, wird heute bereits als selbstverständlich angesehen. Sollen wir es als Vorteil oder als Nachteil betrachten, daß wir uns an den schleichenden Prozeß der Enttabuisierung so sehr gewöhnt haben?

Wir machen uns gar nicht bewußt, was wir uns inzwischen alles bieten lassen. Jemand, der die letzten Jahre nicht in Deutschland verbracht hat, steht bei seiner Rückkehr fassungslos vor dem, was er jetzt antrifft.

Insbesondere die Spätaussiedler aus Osteuropa sind schockiert von der sexuellen Freizügigkeit in unserer Gesellschaft und von der Liberalität deutscher Christen. Sie finden sich in dem durch die „Kulturrevolution der 60er und 70er Jahre" veränderten Normensystem der Bundesrepublik nicht zurecht.

Da ist die „nackte Welle" in der Werbung; kaum eine Anzeige, ohne einen aufreizend gekleideten, weiblichen Körper. In den Illustrierten greift man förmlich ins nackte Fleisch und wird täglich zum Ehebruch angeregt. Die Kinofilme werden zunehmend gewalttätiger, okkulter und pornographischer. Wer die Öffentlichkeit scheut, greift zum Videofilm. Die meisten im Verleih befindlichen Kassetten zeigen abartigste Gewalttätigkeiten und Pornographie. Fernsehserien, zu deren Sendezeiten die Straßen wie leergefegt sind, bringen Woche für Woche

Eheintrigen und machen außereheliche Beziehungen gesellschaftsfähig. In den Zeitungen werden die Annoncenspalten des sogenannten „Hostessenservice“ immer länger. Wie können wir inmitten dieser Auflösung aller moralischen Maßstäbe „rein“ bleiben?

Bei dieser Frage werde ich an Psalm 119 erinnert: „Wie wird ein Jüngling seinen Weg unsträflich gehen? Wenn er sich hält nach deinem Wort! Ich habe dich von ganzem Herzen gesucht; laß mich nicht abirren von deinen Geboten! Ich habe dein Wort in meinem Herzen geborgen, auf daß ich nicht an dir sündige“ (Psalm 119,9-11).

Aber wie soll ein Mensch in Reinheit wandeln können, wenn er noch nicht einmal Gottes Gebote zum Thema Sexualität kennt? Viele sind durch die falsche Propaganda schon so sehr umprogrammiert, daß sie Gottes Gebote gar nicht hören wollen und sie als altmodisch und überholt ablehnen.

Wir sollten auch bei diesem heiklen Themenkreis folgenden Weg beschreiten: Zunächst decken wir die Antithesen mit ihren Manipulationstechniken auf, um dann die Thesen des Wortes Gottes um so besser verstehen und befolgen zu können.

Die Bestrebungen der emanzipatorischen Pädagogik sowie des Feminismus können folgendermaßen umschrieben werden:

- Die sexuelle Revolution ist der Hebel zur Gesellschaftsveränderung.
- Wir sind eine Gesellschaft von „Triebverdrängungsgeschädigten“ und müssen zur Triebhaftigkeit zurückkehren.
- Ehe und Familie sind aufzulösen, denn sie bedeuten Einschränkung der sexuellen Freiheit.
- Kampf gegen alle gesellschaftlichen Tabus wie Inzest, Sodomie, Homosexualität.
- Abbau sämtlicher Schambarrieren durch Zurschaustellung aller Intimbereiche.

Hebel zur Gesellschaftsveränderung

Die Sexualität des Menschen wird in besonderer Weise von der Neuen Linken als Hebel zur Gesellschaftsveränderung benutzt. Ihre Deutung und Strategie lautet: „Ehe und Familie erzeuge angepaßte Menschen, da sie für freie Sexualität keinen Raum habe. Der Mensch müsse auf die Befriedigung seiner sexuellen Bedürfnisse verzichten und würde so die Persönlichkeitsstrukturen der Untertanen in sich aufbauen, die wiederum für das Fortbestehen der kapitalistischen Herrschaft, für den gegenwärtigen Arbeitsprozeß notwendig seien. Indem man nun für eine Sexualität plädiert, die ihren Sinn vor allem in Spaß- und Lustgewinn sieht, werde ihre Bindung an Liebe verhindert und die Eheschließung und die Familienbildung zurückgedrängt. Mit der Auflösung dieser Institutionen wäre ein entscheidender Schritt getan, um die gegenwärtige Gesellschaftsordnung zu Fall zu bringen." (16)

Menschen, die in ihrer Sexualität einzig und allein auf Lust und Spaß fixiert sind, werden unbrauchbar für das kapitalistische System. Nach Meinung emanzipatorischer Pädagogen führt sexuelle Unterdrückung zu Hörigkeit und selbst zu Unterwerfung. So fordert der Engländer A.S. Neill in seinem Bestseller „Theorie und Praxis der antiautoritären Erziehung. Das Beispiel Summerhill": „Hebt die Unterdrückung der Sexualität auf, und die Jugend wird für die Obrigkeit verloren sein." (17)

Mit dieser Taktik, ein gesellschaftliches System auszuhöhlen, greift die Neue Linke auf historische Erfahrungen zurück. Denn dort, wo die sogenannte freie Liebe propagiert und praktiziert wird, ist ein Volk im Begriff, sich selbst zu zerstören.

Eine großangelegte Studie des Soziologen Unwin aus Oxford beweist diese These: „Unwin untersuchte 80 verschiedene Kulturen. Ziel seiner Studie war, die verschiedenartigen Beziehungen zwischen Männern und Frauen zu erfassen und die entsprechenden Auswirkungen und Konsequenzen einzuordnen. Unwin hat in seiner Forschungsarbeit sowohl heutige Kulturvölker als auch Eingeborenenstämme und sogenannte Primitiv-Kulturen, vergangene und heute lebende, einbezogen. Dabei hat er eine Entdeckung gemacht, die uns nicht erstaunt: für die kulturelle und soziale Kraft eines Volkes ist es von eminenter Bedeutung, wie sich die Beziehungen zwischen Mann und Frau, zwischen Jungen und Mädchen, gestalten. Je strenger die Sitten vor und außerhalb der Ehe, um so schöpferischer das Volk und lebenstüchtiger seine junge Generation. Überall da, wo sexuelle Freizügigkeit herrschte, war jeweils der Anfang zum kulturellen Abstieg dieses Volkes gesetzt. Spätestens nach drei Generationen wurde ein solcher Stamm von einem stärkeren übernommen." (18)

Bei Lenin können wir nachlesen: „Wenn wir eine Nation vernichten wollen, so müssen wir zuerst ihre Moral vernichten. Dann wird uns die Nation als reife Frucht in den Schoß fallen. Interessiert die Jugend am Sex, und ihr bekommt sie in die Hand."

Zurück zur Triebhaftigkeit!

Seit Jahren wird uns eingeredet, wir seien eine Gesellschaft von „Triebverdrängungsgeschädigten". Jahrhundertelang seien wir um die Freuden der Sexualität betrogen worden. Die westliche Zivilisation leide unter einem großen Nachholbedarf an Sex.

Mit diesen und ähnlichen Aussagen stützen sich die Sexualreformer auf die Thesen des marxistischen Psychoanalytikers W. Reich. „W. Reich sieht den Menschen erst dann als ganzen Menschen an, wenn er von der bürgerlichen Zwangsmoral befreit sei und seine Triebe voll ausleben könne. Die Triebe kämen auch ohne Moral und Vernunft in harmonische Ordnung, wenn sie optimal befriedigt würden. ‚Wer befriedigt lebt, vergewaltigt nicht und braucht keine Moral dagegen.‘ Er fordert die Aufhebung der Sexualhemmungen, setzt Trieb vor Vernunft oder ein anderes gesellschaftliches Ordnungssystem. Reich lehnt die Ehe und die Familie ab, weil in ihnen Sexualverzicht geleistet werden müsse. Sie sind für ihn Zwangsinstitutionen. Durch eine Revolution der Sexualität hofft er – der Marxist – das kapitalistische System zu zerstören. Er plädierte bereits damals (in den 20er Jahren) für eine Legalisierung der Abtreibung und für die Aufhebung der Gesetze gegen Homosexualität.“ (19)

Dieser breit angelegten Gehirnwäsche sind wir täglich ausgesetzt: Geschlechtliche Triebwünsche müssen genauso gestillt werden wie Hunger und Durst, sonst treten Zwänge und psychische Schäden auf. Erlaubt ist, was Spaß macht und persönliche Lustbefriedigung bietet, egal auf welche Art. Mit diesen Forderungen geht man von der irrigen Voraussetzung aus, der Mensch stehe in sexueller Hinsicht auf der Stufe eines Tieres und könne seine Triebe und Leidenschaften ausleben, solange er damit niemanden verletze.

Auflösung von Ehe und Familie

Bei solchen Gedanken liegt die Meinung nahe, Ehen und Familien schränkten die sexuelle Freiheit ein und müßten deshalb aufgelöst werden. Wir stehen alle in dieser Manipulationsmühle, sexuelle Beziehungen vor und außerhalb der Ehe als legitim und notwendig zu empfinden.

In der Broschüre „Muß-Ehen muß es nicht geben!“ der Bundeszentrale für gesundheitliche Aufklärung wird den Jugendlichen mitgeteilt, daß 35% der Jungen und 30% der Mädchen unter 17 (!) Jahren schon intime Beziehungen zu einem Partner haben.

Dann wird den Teenagern nicht etwa empfohlen, Enthaltsamkeit zu üben, es wird auch nicht auf die Gefahren der seelischen Schäden und der Geschlechtskrankheiten bei häufigem Partnerwechsel hingewiesen. Kein Wort darüber, daß die Sexualität nur in die Ehe hineingehört. Die Empfehlung der Bundeszentrale für gesundheitliche Aufklärung geht lediglich soweit, die jungen Männer aufzufordern, ihre Partnerinnen mit einem Kondom zu „schützen".

Unter Mißachtung der gesamten Ethik unseres Kulturkreises werden unsere Teenager durch diese Schrift von einer Institution der Bundesregierung zum vorehelichen Geschlechtsverkehr herausgefordert. Auf die sexuelle Beeinflussung der noch jüngeren Schulkinder kann ich hier nicht eingehen.

Auch wir Erwachsenen stehen unter dem Einfluß, der uns sexuelle Beziehungen außerhalb der Ehe als legitim, ja sogar als ehestärkend, suggerieren will. Die verfängliche Propaganda kommt nicht nur aus Kreisen der säkularen Welt, sondern hat bereits in die kirchliche Ethik Eingang gefunden.

So gibt es ein Buch „Seelsorge praktisch", das von dem Leiter des Seelsorgezentrums der EKD in Bethel bei Bielefeld, Prof. D. Stollberg, herausgegeben wurde. I. Lück kommentiert dazu: „D. Stollberg geht in ‚Seelsorge praktisch', Göttingen, 1971, davon aus, daß tiefe seelische Beziehungen zu einem Menschen außerhalb der eigenen Ehe normalerweise toleriert und auch akzeptiert werden müßten. Er hält es für nicht einsichtig, warum derartige Beziehungen im körperlich-sexuellen Bereich eine Schranke finden sollten. Eine hohe Toleranz der Ehepartner sei natürlich notwendig, und die Auflösung der Ehe und eine neue Eheschließung dürfe nicht angestrebt werden. Er begründet seine Auffassung anthropologisch: Der Mensch sei auf ganzheitliche Kommunikation angelegt, und durch ein derartiges Verhalten würde die Kommunikation des Menschen gefördert. Im einzelnen schreibt D. Stollberg zu dieser Problematik: ‚Indem durch diese außerehelichen Kontakte (hier zunächst seelischer Natur; der Verf.) Grundbedürfnisse der Persönlichkeit befriedigt werden, die der Ehepartner nicht befriedigen kann, wird sich die größere Zufriedenheit auch auf die ehelichen Beziehungen positiv auswirken. Die Frage ist allerdings, wie weit diese Offenheit der Einehe nach außen hin gehen soll, und weshalb sie ausgerechnet beim körperlichen Geschlechtsverkehr halt machen muß, während seelische Kontakte aller Art (?) toleriert werden.'" (20)

Was hier mit schwerverständlichen Vokabeln umschrieben wird, heißt in einfachen Worten: Wenn Sie sich in Ihrer Ehe wenig zu sagen haben, warum nicht Kontakte woanders suchen? Und wenn Sie sich dann mit einem anderen gut verstehen, warum dann ausgerechnet beim Geschlechtsverkehr haltmachen? Außerehelicher Geschlechtsverkehr führt nach Stollberg zur „Entkrampfung der ehelichen Beziehungen"; die Ehe würde sich dadurch „eher festigen", als gefährdet werden.

Diese Gedanken sieht der Leiter eines Seelsorgezentrums der EKD als Grundlage für evangelische Seelsorge an. Bei den anstehenden Fragen wird nicht die Bibel als Maßstab herangezogen, sondern der Moralrevolution bereits voll Rechnung getragen. Wie sollen wir da noch unseren Weg rein erhalten?

Kampf gegen alle bestehenden Tabus

Ziel der sexuellen Revolution ist natürlich nicht nur, die eheliche Treue zu sprengen. Sie richtet sich vielmehr gegen alle christlichen Tabus. Alles das, was die Bibel unmißverständlich als Greuel bezeichnet, wird heute propagiert und sicherlich in einigen Jahren zum Alltag gehören: Aufhebung der Inzestschranke (sexuelle Begegnung zwischen Eltern und ihren Kindern und Geschwistern untereinander), Sodomie (Befriedigung des Geschlechtstriebes an einem Tier) sowie Homosexualität.

Was sagt die Bibel dazu? In 3. Mose 20 finden wir einen ganzen Katalog Antworten aufgezählt.

Ehebruch: „Wenn einer die Ehe bricht mit einem Eheweib, so sollen beide unbedingt sterben, der Ehebrecher und die Ehebrecherin, weil er mit seines Nächsten Weib die Ehe gebrochen hat“ (Vers 10).

Inzest: „Wer bei seines Vaters Weib schläft, der hat die Scham seines Vaters entblößt; sie sollen beide unbedingt sterben; ihr Blut sei auf ihnen. Wenn jemand bei seiner Sohnsfrau schläft, so sollen sie beide unbedingt sterben; sie haben einen Greuel begangen; ihr Blut sei auf ihnen! Wenn jemand seine Schwester nimmt, seines Vaters Tochter oder seiner Mutter Tochter, und ihre Scham beschaut und sie wieder seine Scham, so ist das eine Blutschande. Sie sollen ausgerottet werden vor den Augen ihres Volkes. Er hat seiner Schwester Scham entblößt, so trage er seine Schuld“ (Vers 11-12.17).

Homosexualität: „Wenn ein Mann bei einer männlichen Person schläft, als wäre es ein Weib, die haben beide einen Greuel getan, und sie sollen unbedingt sterben; ihr Blut sei auf ihnen“ (Vers 13).

Sodomie: „Wenn ein Mann seinen Samen an ein Vieh abgibt, so soll er unbedingt sterben, und das Vieh soll man erwürgen. Kommt ein Weib einem Vieh zu nahe, um sich mit ihm zu vermischen, so sollst du sie töten und das Vieh auch; sie sollen unbedingt sterben; ihr Blut sei auf ihnen“ (Vers 15-16).

In den Medien, besonders auch in mancher sexualkundlicher Literatur für den Unterricht, sind Bestrebungen zu erkennen, die das Bewußtsein der Heranwachsenden mit dem Ziel der Aufhebung der Inzestschranken bearbeiten. Man spricht von der „Familie als Sexualgemeinschaft“ und meint, „daß Sexualgemeinschaft nicht nur die Beziehungen zwischen Vater und Mutter erfaßt, sondern auch die Beziehungen zwischen Eltern und Kindern und zwischen den Kindern einschließt." (21)

Die Aufhebung des Tabus der Sodomie wird genauso angestrebt. „In dem verbreiteten Sexualkundebuch ‚Sexualinformation für Jugendliche', von Bert H. Claesson, Frankfurt 1976, 7. Auflage, 88-97.000 (!), wird geschlechtlicher Umgang des Menschen mit Tieren als völlig erlaubt hingestellt: ‚Mißhandelt man das Tier nicht, ist die Befriedigung des Geschlechtstriebes auf diese Weise erlaubt' (Seite 141). Von der ‚Bundeszentrale für gesundheitliche Aufklärung', Köln, wird dieses Buch für die Sexualerziehung in der Schule empfohlen und als ‚Diskussionsbeitrag' für geeignet erklärt." (22)

Zur Homosexualität brauche ich nicht viele Worte zu verlieren. Obwohl die Bibel sie als geschlechtliche Verirrung und Sünde bezeichnet, haben ihre Vertreter den Kampf um die öffentliche Anerkennung im gesellschaftlichen und auch kirchlichen Leben schon fast gewonnen.

Der Homosexuellenparagraph 175 wurde so geändert, daß lediglich Minderjährige vor homosexuellen Zugriffen geschützt werden. Aber schon jetzt fordern Politiker unter Berufung auf das „Recht auf den eigenen Körper" die sofortige Streichung des § 175.

In den Kirchen gehen die Wellen hoch, wenn das Thema Homosexualität bei Podiumsdiskussionen angeschnitten wird. Christen, die auf das Urteil der Bibel verweisen, werden ausgebuht, Theologen, die die Homosexualität befürworten, gefeiert.

Da ist auch die Äußerung eines Pastors anläßlich seines Referats in der Kirchlichen Hochschule Bethel nicht verwunderlich: „Nach der christlichen Ethik kommt es nicht darauf an, ob ein Mann einen anderen Mann oder eine Frau liebt, sondern wie er das tut: ob er die Würde des anderen achtet."

Der Weg von solchen Äußerungen zur aktiven Unterstützung ist nicht weit. So berichtete die Presse von der

Trauung einer „lesbischen“ Ehe und der „Freundschaftssegnung“ von Homosexuellen, die im Frühjahr 1984 in einer Hamburger Kirche stattfand. In der Altonaer Friedenskirche wurden zwei lesbische Frauen – wie es im Trauzeugnis heißt – „im Namen des dreieinigen Gottes“ unter dem biblischen Text „Nehmet einander an, wie Christus euch angenommen hat“ (Römer 15,7) getraut.

In einem Leserbrief der Frankfurter Rundschau vom 15. Mai 1984 verteidigte ein Pfarrer der rheinischen Landeskirche die Trauung von Homosexuellen: „Wünschen zwei Menschen in der Absicht, auf Dauer in einer homosexuellen Partnerschaft zu leben, für ihre Gemeinschaft einen Gottesdienst, dann gibt es keine theologisch-seelsorgerlich verantwortbaren Gründe, diesen Wunsch abzulehnen.“

Die göttliche Wahrheit wird mit der Lüge vertauscht, wie Paulus es schon im Römerbrief ausführt: „Denn obschon sie Gott erkannten, haben sie ihn doch nicht als Gott gepriesen und ihm nicht gedankt, sondern sind in ihren Gedanken in eitlen Wahn verfallen, und ihr unverständiges Herz wurde verfinstert. Da sie sich für weise hielten, sind sie zu Narren geworden und haben die Herrlichkeit des unvergänglichen Gottes vertauscht mit dem Bild vom vergänglichen Menschen, von Vögeln und vierfüßigen und kriechenden Tieren. Darum hat sie auch Gott dahingegeben in die Gelüste ihrer Herzen, zur Unreinigkeit, daß sie ihre eigenen Leiber untereinander entehren, sie, welche die Wahrheit Gottes mit der Lüge vertauschten und dem Geschöpf mehr Ehre und Dienst erwiesen als dem Schöpfer“ (Römer 1,21-25).

Abbau aller Schambarrieren

Der gezielte Abbau aller Schambarrieren ist ein weiteres erklärtes Ziel der Sexualrevolution. „Wir sollen uns das Schämen abgewöhnen, denn – so meint man – wo man sich schämt, da steht das Geschlechtsleben noch unter Tabus." (23)

Das wesentlichste Mittel ist die Zurschaustellung der Nacktheit, sei es in der Werbung oder in der Mode. Schon längst hat sich die sogenannte „Freikörperkultur" aus ihren Naturgettos herausbegeben. Nacktheit begegnet uns inzwischen an allen Badeplätzen. Wer sich ziert, ist ein klassisches Beispiel für einen „Triebverdrängungsgeschädigten", dem man das Schämen abgewöhnen muß.

Pornographische und sexuelle Akte auf Bühnen und der Filmleinwand werden als kulturelle Beiträge gewertet; niemand braucht schamrot zu werden. Ist erst einmal durch die stetige Berieselung mit Sex das Schamgefühl abgetragen, dann ist der Mensch ein hilfloses Opfer der Moralrevolution geworden.

G. Huntemann bezeichnet die Schamlosigkeit als totale Gottlosigkeit. „In der Scham meldet sich unsere Demut vor Gott! Solange der Mensch sich noch schämen kann, weiß er, daß er vor Gott schuldig ist. Wer um die Schuld vor Gott weiß, steht schon im Licht seiner Vergebung. In der Schuld ist der Mensch Person, er wird noch von Gott angerufen! Die Schamlosigkeit hingegen ist totale Gottlosigkeit! Die Schamlosigkeit steht unmittelbar am Rande der Dämonie. Satan schämt sich nicht – er zittert nur vor Gott. In der Scham geben wir Gott recht und erkennen ihn an. In der Schamlosigkeit haben wir Gott verloren. So wird der Mensch zur Sache. Schamlos war es, als nackte Menschen in Gaskammern getrieben wurden, schamlos war es, Menschen zum Material zu erniedrigen. Schamlos ist es, wenn – wie es heute geschieht – Menschen vor Filmkameras sich mit Tieren begatten, Sexualakteure auf Schauspielbühnen ihre Bedürfnisse verrichten und sexuelle Akte ‚vollziehen'. Es ist schamlos, weil der Mensch die Achtung vor sich selbst und die Ehrfurcht vor Gott verloren hat, ohne daß er noch fühlt, daß er sie verloren hat!" (24)

Die Früchte dieser sexuellen Revolution, die sowohl Verheiratete, Jugendliche als auch Kinder erfaßt hat, sind verheerend: In die Höhe schnellende Ehescheidungen, Abtreibungen, Geschlechtskrankheiten, Homosexualität, Vergewaltigungen, brutale Sexualverbrechen.

Wie unsinnig ist doch die These von W. Reich: „Wer befriedigt lebt, vergewaltigt nicht und braucht keine Moral dagegen." Die Praxis hat sie längst widerlegt. Fälle von Mord und Totschlag unter Paaren haben in den letzten Jahren sprunghaft zugenommen. Die Frauenhäuser, in denen mißhandelte Frauen Zuflucht suchen, sind überfüllt.

Nach Expertenschätzung werden in der Bundesrepublik Deutschland jedes Jahr 20.000 Frauen vergewaltigt. In Schweden haben die Fälle von Vergewaltigung, die zu einem Gerichtsurteil führten, in 20 Jahren um 400% zugenommen. In Dänemark sind seit der Einführung des Unterrichtsfaches Sexualkunde die Geschlechtskrankheiten unter Jugendlichen zwischen 16 und 20 Jahren um 250% gestiegen.

Sol Gordon, einer der führenden Experten auf dem Gebiet der Sexualerziehung, stellte fest: „Die sexuellen Aktivitäten unserer Teenager haben ein Ausmaß erreicht, das einer nationalen Tragödie gleichkommt."

Trotz pausenloser Propagierung „absolut sicherer" Empfängnisverhütungsmittel ist jedes 10. amerikanische Mädchen zwischen dem 15. und 19. Lebensjahr schwanger. „Mit zur Zeit 1,3 Millionen Teenagerschwangerschaften liegen die Vereinigten Staaten damit an der Spitze der Industrieländer" (Welt am Sonntag, 7.8.83).

Die verheerenden Auswirkungen von Geschlechtskrankheiten aufgrund häufigen Partnerwechsels werden bewußt heruntergespielt. Erst eine tödliche Seuche, bekannt unter der Abkürzung AIDS, hat die „Schamlosen" nun das Fürchten gelehrt.

„AIDS kommt einem Todesurteil gleich. Es handelt sich um eine neuartige, vorher nie beobachtete Erkrankung (Schädigung) der Immun-Abwehr des Körpers. Der Körper ist nicht mehr fähig, sich gegen harmlose (z.T. selten vorkommende) Infektionskrankheiten zu wehren, so daß er verschiedenen Mikro-Organismen schutzlos preisgegeben ist und elend zugrunde geht. Binnen weniger Monate ist der Mensch dann am Ende seiner Kräfte." (25)

Nach Aussage des Bundesgesundheitsamtes in Berlin sind die Ursachen vor allen Dingen homosexuelle Praktiken. Aber auch der wiederholte Gebrauch von Injektionsnadeln bei Drogensüchtigen und außereheliche Beziehungen fördern diese Infektionskette.

Das, was als „Lust und Spaß" propagiert wird, hat sich als Geißel der Angst, Einsamkeit und Hoffnungslosigkeit entpuppt. „Uneheliche Kinder, seelisches Leid, Zerstörung der Persönlichkeit, Abtreibung, Krankheit, ja sogar Tod – das sind die Früchte der sexuellen Revolution, und ich kann es nicht mehr hören, daß sie romantisch verbrämt und glorifiziert wird. Gott hat unverantwortlichen Umgang mit der Sexualität eindeutig verboten. Nicht, weil er uns keinen Spaß und keine Freude gönnen würde, sondern um uns vor den katastrophalen Folgen eines Lebens zu bewahren, das immer wieder eiternde Wunden verursacht. Diejenigen, die sich als einzelne oder als Gesellschaft entscheiden, seine Gebote in diesem Bereich nicht zu beachten, werden für diesen Wahnsinn einen sehr hohen Preis zu zahlen haben." (26)

Gottes Gedanken zu Liebe und Sexualität

Wenn Sie inmitten einer Gesellschaft, deren Denken schon so stark von anti-christlichen Strömungen geprägt ist, noch einen klaren Kopf behalten und die richtigen Maßstäbe anwenden wollen, ist es nötig, daß Sie sich anhand der Bibel mit der Bedeutung von Liebe und Sexualität auseinandersetzen.

Eins werden Sie schnell feststellen: die Bibel ist in ihren Aussagen nicht prüde oder leibfeindlich. Aber sie setzt bei Liebe und Geschlechtlichkeit ganz andere Akzente, als dies unsere Zeitgenossen tun. Fangen wir an!

Liebe – ein strapazierter Begriff

Zur Zeit wächst eine ganze Generation mit einer falschen Vorstellung von Liebe auf. Durch Schlager, Zeitschriften, Fernsehen und Filme werden sie dazu erzogen, Liebe mit Verliebtheit gleichzusetzen. Dadurch wird etwas von der Ehe gefordert, was sie niemals erfüllen kann. Haben sich dann die Sehnsüchte nicht erfüllt, versucht man sein Glück eben mit einem anderen Partner.

Neulich machten meine Frau und ich einen Abendspaziergang. Zum Abschluß setzten wir uns noch in ein Restaurant. Und schon dudelte der uralte Schlager mit seiner eingängigen Melodie aus dem Lautsprecher: „Die Liebe ist ein seltsames Spiel, sie kommt und geht von einem zum anderen ..." Auf dem Nachhauseweg ertappte ich mich dabei, wie es ungewollt durch meine Gedanken summte: „Die Liebe ist ein seltsames Spiel ..."

Solche Eindrücke wirken nach. Wenn ein Teenager einzig und allein mit dieser Einstellung aufwächst und wir uns als Verheiratete davon auch noch einlullen lassen, werden wir nicht weit kommen. Für die meisten Menschen ist Liebe ein unkontrollierbares Gefühl, wofür bzw. wogegen man nicht viel unternehmen kann. Sie kommt und verläßt uns, wann sie will, und entzieht sich unserer Kontrolle. Bei diesen falschen Vorstellungen verfällt man schnell auf naheliegende Gedanken: „Wir lieben einander nicht mehr. Daran ist wohl nicht viel zu ändern."

„Wir brauchen unmißverständliche Informationen und ein klares Denken bezüglich dessen, was man ‚die meist gewünschte und schwerstfaßbare Emotion' genannt hat – so sehr gewünscht, daß Ehen ohne sie von langweilig bis elend ausfallen; so schwer faßbar, daß manche Menschen ihr Leben auf der Suche nach ihr verbringen, und dabei eine Serie von zerbrochenen Beziehungen hinter sich lassen." (27)

Durchblick über Wesen und Ausdrucksformen dieses geheimnisvollen Begriffes zu bekommen, ist nach wie vor nur anhand der Bibel möglich. Es wird Ihnen gut tun, alle möglichen und unmöglichen Gedanken, die Sie bis jetzt zu diesem Thema gespeichert haben, einmal zur Seite zu legen. Wir werden gründlich in der Bibel arbeiten, um den strapazierten Begriff der „Liebe" richtig zu verstehen.

Im Neuen Testament stoßen Sie sehr oft auf das Wort „Liebe". Machen wir uns die Mühe, dieses Wort im Urtext nachzulesen, stellen wir fest, daß dem deutschen Wort im griechischen Urtext fünf verschiedene Worte mit unterschiedlicher Deutung entsprechen.

Drei dieser Bedeutungen möchte ich herausgreifen, weil sie für das richtige Verständnis unseres Themas unbedingt nötig sind. Es sind die griechischen Worte „phileo", „eros" und „agape".

„Phileo" steht für Zuneigung, Freundschaft, Kameradschaft. Durch „phileo" entstehen gute Freunde.

Dieser Aspekt der freundschaftlichen Zuneigung muß unbedingt in der Ehe erhalten bleiben. Viele Beziehungen haben mit dieser Kameradschaft und Freundschaft begonnen. Aber nach einigen Ehejahren ist davon nicht mehr viel übriggeblieben. Die Routine hat sich breitgemacht. Man hastet und schafft, und für Momente des freundschaftlichen Austauschens und Miteinanders bleibt wenig oder gar keine Zeit.

Wann haben Sie sich das letzte Mal mit ihrem Ehepartner stundenlang so interessiert unterhalten, daß Ihnen die Tasse Kaffee dabei kaltgeworden ist? „Ja früher ... als wir uns kennenlernten, da hatten wir uns noch so viel zu erzählen und Dinge zu unternehmen, aber heute ..."

Wenn Sie nicht aufpassen, wird Ihnen die „phileo"-Liebe verlorengehen, und dann fehlt Ihnen etwas Entscheidendes in Ihrer ehelichen Beziehung.

Haben Sie mit Ihrem Ehepartner gemeinsame Interessen oder ein gemeinsames Hobby? Vielleicht im musischen, künstlerischen oder sportlichen Bereich? Lesen Sie gemeinsam und sprechen Sie über Ihre Eindrücke?

Es ist erschreckend, daß manche Ehepaare abgestumpft nebeneinanderher leben und ihr Gesprächsstoff kaum über die täglichen Anschaffungen und die Untaten der Kinder hinausgeht. Lassen Sie sich Ihre „phileo"-Liebe nicht rauben! Nehmen Sie sich Zeit für einen gesunden „Egoismus zu zweit"! Das gemeinsame Ausbrechen aus der Routine des Alltags muß nicht viel Geld kosten, fordert allerdings Einfallsreichtum.

Meine Frau und ich werden oft gefragt, ob wir neben unseren elf Kindern, neben Bücherschreiben und Reisedienst überhaupt noch Zeit füreinander haben. Und ob! Wenn ich eins in den letzten Jahren gelernt habe, dann dies: Zeit füreinander ist überlebensnotwendig. Ich habe zu viele Ehekrisen von engagierten Christen miterlebt, die sich auseinandergelebt haben, weil sie es nicht für nötig hielten, sich genug Zeit für sich als Ehepaar zu nehmen.

Es ist wirklich bitter, nach einigen Ehejahren feststellen zu müssen: wir haben uns auseinandergelebt und kaum noch etwas zu sagen. Festgefahren! Nach außen glänzen wir zwar noch, aber innen fault es.

Machen wir uns doch nichts vor: Wir können nur dann ausgeglichen und erfolgreich sein, wenn es zuhause stimmt. Manch einer mußte schon von der Bühne abtreten, seinen Terminkalender zusammenstreichen und dann in mühsamer Kleinarbeit den kläglichen Scherbenhaufen seiner Ehe und Familie wieder kitten.

Ich möchte nicht in den gleichen Fehler verfallen. Deswegen gibt es für mich eine „eiserne Regel“: Mindestens einen oder zwei Abende pro Woche verbringe ich mit meiner Frau. Wir nehmen uns Zeit zu gemeinsamer Entspannung und Vergnügungen. Ich kann Ihnen diese Regel nur dringend empfehlen.

Bitte achten Sie dabei auch auf einen Tapetenwechsel, kommen Sie heraus aus den vier Wänden! Die Männer, die die meiste Zeit des Tages außerhalb des Hauses verbringen, lieben ihre Pantoffeln und sind abends oftmals nicht aus dem Sessel zu bewegen. Aber ihren Frauen, die sich den ganzen Tag mit Kindern und Haushalt geplagt haben, fallen dagegen die Wände auf den Kopf, und sie schreien nach Luftveränderung.

Also, raus aus den vier Wänden: Schaufensterbummel (was für ein Opfergang für manche Männer), eine Radtour, Jogging, Freunde besuchen oder einen kleinen Imbiß in einem Restaurant. Ihre Frau wird es Ihnen danken!

Wir machen dies regelmäßig, und es hält uns fit. Nach einem Bummel sitzen wir uns bei Kerzenschein in einem netten Restaurant gegenüber und schaffen es, unsere 11

Kinder für 2 bis 3 Stunden total zu vergessen und einfach nur für den Ehepartner dazusein. Wenn ich dann meine Frau so vor mir sehe, geht es mir durch den Kopf: „Was für ein klasse Mädchen! Wenn ich die Jahre zurückkurbeln könnte, ich würde sie glatt noch einmal heiraten und das ganze Abenteuer mit den 11 Kindern wieder wagen. Sie hält jedem Vergleich stand."

Solche Gedanken sind die richtigen, um die ehelichen Beziehungen noch fester zu verankern. Aber sie sind nicht selbstverständlich in der heutigen Zeit. Wir müssen schon etwas dafür tun, um immer so empfinden zu können.

Die romantische Liebe

„Eros" ist der Aspekt der Liebe, der die Bedeutung des Romantischen am stärksten in sich trägt. Dabei ist Eros nicht immer sinnlich gemeint, sondern schließt die Sehnsucht nach dem Zusammensein mit der Geliebten ein, voller Romantik, Leidenschaft und Sentimentalität.

Das ist wirklich etwas Schönes. Letzten Endes sehnt sich jeder Mensch nach diesem euphorischen, fast unbeschreibbaren Gefühl. Dieses „Auf-den-Wolken-Schweben" ist die beste Medizin gegen Ängste, Beklemmungen und Minderwertigkeit.

Es ist die Liebe, die insbesondere in Schlagern und Romanen beschrieben wird. Aber gerade dieser Aspekt der Liebe scheint sich im Ehealltag am schnellsten zu verflüchtigen. Die romantische Liebe ist wohl der problematischste Aspekt im Zusammenleben. Da sie vollkommen auf Emotionen beruht, hat sie in sich keine lange Lebensdauer.

Romantische Gefühle kann man nicht auf Kommando herbeirufen; aber – und das ist wichtig – man kann etwas unternehmen, um sie wieder hervorzurufen und zu erhalten. Es ist eine Kunst, die erlernt werden muß. Romantische Liebe kann gelernt werden!

Lassen Sie sich das nicht entgehen! Wenn es eine Botschaft für die Ehen in der heutigen Zeit gibt, dann diese: Lassen Sie das Feuer der romantischen Liebe niemals ausgehen! Je länger Sie verheiratet sind, um so mehr haben Sie darauf zu achten. Wenn Sie das Richtige denken und das Richtige tun, ist es möglich, immer verliebt zu sein.

Zunächst müssen Sie sich eingestehen, daß Mann und Frau unterschiedliche romantische Bedürfnisse haben. Frauen legen in der Regel mehr Wert auf Atmosphäre als Männer. Das kann zu Spannungen führen. Männer können zur Not eine Ehe nach partnerschaftlichem Muster führen – Hauptsache, das Essen steht auf dem Tisch und die Wäsche ist gebügelt. Eine Frau wird unter diesen Umständen verrückt; sie braucht die Romantik, muß sich geliebt und umworben wissen.

Geben Sie als Frau niemals auf, Ihre Gedanken, Gefühle und Wünsche immer wieder an den Mann zu bringen. Aber nicht mit Nörgelei und Vorwürfen, sondern mit Ihrem gottgegebenen Einfühlungsvermögen und mit Charme. Damit können bekanntlich die härtesten Nüsse geknackt werden.

Und Sie als Ehemann: Halten Sie sich den fundamentalen Unterschied zwischen Mann und Frau stets vor Augen und springen Sie über Ihren Schatten. Der mitgebrachte Blumenstrauß wird Ihre Frau vielleicht zunächst erschrecken, weil sie es nicht gewohnt ist, Geschenke außer der Reihe zu bekommen. (Vielleicht fragt sie sogar skeptisch, was Sie wohl wieder gutzumachen hätten.) Aber mit der Zeit wird sie über Ihre Kavaliersgeste glücklich sein.

Ich versuche jeden Tag neu, meiner Frau so zu begegnen, als hätte ich sie für ein Leben an meiner Seite zu gewinnen. Diese Einstellung hält unsere Beziehung frisch, dankbar, voller neuer Einfälle und hilft, den richtigen, höflichen Umgangston zu bewahren. Betrachten Sie die

Treue und Hingabe Ihres Ehepartners niemals als Selbstverständlichkeit, sondern versuchen Sie, Ihren „Schatz" jeden Tag neu zu erobern.

Seit einigen Jahren steht mir der Vers 5. Mose 24,5 vor Augen. Ich habe ihn schon an anderer Stelle zitiert, will aber nochmals darauf zurückkommen. In dem Vers steht, daß ein junger Ehemann sich viel Zeit nehmen soll, um seine Frau zu erfreuen. Die meisten Bibelübersetzungen formulieren es so: „... er soll in seinem Hause ein Jahr lang frei sein, daß er sich seines Weibes erfreue, das er genommen hat."

Schaut man sich aufmerksam den Urtext an, liest man allerdings etwas anderes. Dort steht: „..., daß er sein Weib erfreue, das er genommen hat."

Das hätten wir Männer wohl gern: Beine hoch und uns von unseren Frauen bedienen lassen! Gottes Wort setzt die Prioritäten anders: der Mann ist in erster Linie dafür verantwortlich, seine Frau zu „erfreuen". Er soll sich um das seelische Wohlbefinden seiner Frau kümmern. Sie darf sich in seiner Gegenwart rundum wohlfühlen, verehrt und geschätzt wissen.

Ed Wheat nennt in seinem Buch „Liebe ist Leben", das ich übrigens jedem Leser dringend zur Lektüre empfehle, zwei Voraussetzungen, damit das Feuer der romantischen Liebe nicht verlischt: „Wir können die Voraussetzungen zum Erlernen dieser Liebe auf zwei Arten herstellen. Erstens dadurch, daß Sie Ihr gottgeschaffenes, kreatives Denkpotential einsetzen, und zweitens, indem Sie Ihrem Partner die richtige, emotionale Atmosphäre anbieten." (28)

Das richtige Denken und Handeln wird als Resultat die entsprechenden Gefühle hervorbringen. Achten Sie deshalb auf Ihr Denken. Fassen Sie, während Sie diese Zeilen lesen, erneut den Entschluß, sich Ihrem Ehepartner 100%ig hinzugeben und ihm „anzuhangen". Vergeben Sie ihm, und treffen Sie die Willensentscheidung, ihm treu zu sein. Lassen Sie Ihre Gedanken niemals von diesem Vorsatz abirren.

Und dann gebrauchen Sie Ihre Phantasie: fassen Sie positive, zärtliche Gedanken Ihrem Ehepartner gegenüber. Was immer Sie tun, haben Sie ihn vor Augen; beten Sie für ihn, segnen Sie ihn. Freuen Sie sich auf das Nachhausekommen. Malen Sie sich die angenehmen Begebenheiten aus der Vergangenheit vor Augen, und freuen Sie sich auf die gemeinsame Zukunft. Allmählich werden Sie dadurch in eine ganz andere Gefühlslage versetzt.

Als nächstes: untermauern Sie Ihr Denken mit dem richtigen Verhalten. Sorgen Sie für eine romantische Atmosphäre. Schon Kleinigkeiten können dazu beitragen. Zum Beispiel die Art, wie die Begrüßung ausfällt, wenn der Mann von der Arbeit nach Hause kommt: die Herzlichkeit des Kusses, die Innigkeit der Umarmung, der Augenkontakt, die Frage, wie der Tag verlaufen ist.

Vergessen Sie nicht, daß Ihr Mann sehr stark auf visuelle Eindrücke reagiert. Binden Sie sich deshalb die Schürze ab, machen Sie sich schick. Überlegen Sie, wie Sie eine „Augenweide" für Ihren Mann sein können. Und Sie, Ehemann, sollten sich ruhig umziehen, wenn Sie von der Arbeit kommen. Ihre Frau mag es, wenn Sie sich zu Hause auch mal „rausputzen", nicht nur für den Gottesdienst oder Geschäftsreisen.

Schaffen Sie eine romantische Atmosphäre beim Essen. Richten Sie Ihr Schlafzimmer wie ein Liebesnest ein. Es gibt so viele Dinge, die eine romantische Atmosphäre begünstigen. Im Laufe der Ehejahre ist da vielleicht vieles in Vergessenheit geraten.

Noch einmal: romantische Liebe ist nichts Selbstverständliches. Entweder sie wächst oder sie stirbt. Schüren Sie immer wieder das romantische Feuer. Dann können Sie tatsächlich dauerhaft in Ihren Ehepartner verliebt sein. Verliebtheit macht eheliche Treue leicht und immunisiert gegen Verlockungen und Anfechtungen.

Die Liebe, die sich aufopfert

Dieser dritte Aspekt ehelicher Liebe ist der wichtigste. Denn ohne diese Art der Liebe kann keine Ehe auf Dauer bestehen. Nur durch sie können Konfliktsituationen wirklich durchgestanden werden. Die Agape-Liebe ist die völlig selbstlose Liebe, die unermüdlich geben kann.

Sie basiert ausschließlich auf unserer persönlichen Beziehung zu Gott. Es ist die Liebe, die Jesus bewogen hat, für uns am Kreuz zu sterben. Sie ist nicht vom Gefühl abhängig, sondern von dem Willensentschluß, sich für den anderen hinzugeben.

„Die Agape ist die Antwort auf alle wunden Punkte in der Ehe. Diese Liebe kann auch dann fortdauern, wenn sie abgewiesen wird und keine Erwiderung findet. Sie kann über Mauern springen, an denen jede andere Art der natürlichen Liebe scheitert. Sie scheut nicht vor rücksichtslosem Verhalten des anderen zurück, und sie gibt gern auch dem, der sie nicht verdient hat, ohne nach den Kosten zu fragen. In ihrer stillen, praktischen Art heilt und segnet sie in den kleinen und großen Krisen des Alltags. Der Beziehung zwischen Mann und Frau, die sonst den schwankenden Gefühlen und der Berg-und-Tal-Fahrt der menschlichen Seele ausgeliefert wäre, verleiht die Agape eine Stabilität und Dauerhaftigkeit, die in der Ewigkeit wurzelt. Die Agape ist die göttliche Kraft in der Ehe, ohne die sie in ihrer Menschlichkeit untergehen würde.“ (29)

Das ist auch die Erklärung dafür, warum so viele Ehen scheitern. Sie sind auf einem falschen Fundament aufgebaut. Manche Ehen haben mit erotischen Beziehungen angefangen. Danach ist nicht viel dazugekommen. Wenn dann auch noch das Gefühl des Verliebtseins verfliegt, geht man wieder auseinander.

Auch auf Phileo-Liebe allein kann eine Ehe nicht aufgebaut werden. Freundschaftliche Gefühle reichen nicht aus, um eine enge, lebenslange Beziehung zu erhalten. Kommen die Konfliktsituationen – sie kommen in allen Ehen –, dann ist kein Fundament da, das dem Sturm standhält.

Darum ist die Agape-Liebe so wichtig: sie ist auch dann wirksam, wenn sie keine Erwiderung findet. Jeder, der an Christus glaubt, kann diese Liebe erlangen: „Denn die Liebe Gottes ist ausgegossen in unsere Herzen durch den Heiligen Geist, welcher uns gegeben worden ist“ (Römer 5,5).

Diese Liebe lebt aus der Liebesbeziehung zu Christus. Es ist eine Liebe, die von Gott her in die Ehe hineingetragen wird, unabhängig davon, wie der andere Ehepartner sich verhält. Sie lebt nicht von der Erwiderung des anderen, sondern wird von Gott gespeist. Wer Agape-Liebe hat, kann selbst dann noch lieben, wenn er nicht mehr geliebt wird. Er kann bedingungslos lieben und den Ehegefährten sicher durch jede Krise tragen.

Dieser Gedanke ist für die besonders wichtig, die allein um ihre Ehe kämpfen. Vielleicht ist die Ehe festgefahren, der Partner hat die Zuneigung verloren und ist nicht mehr bereit, etwas zu investieren. Die Phileo-Liebe ist auf dem Nullpunkt angelangt und die erotische Liebe eingefroren.

Bei der Phileo-Liebe muß der andere mitmachen, sonst funktioniert sie nicht. Die erotische Liebe ist auf die Reaktion des anderen angewiesen. Aber mit der Agape-Liebe können Sie die Initiative ergreifen. Sie können mit Gottes Hilfe lieben, wo nichts Liebenswertes mehr vorhanden ist. Beten Sie um diese Hilfe! Lassen Sie sich im Bibelstudium und in der Anbetung mit Gottes Liebe erfüllen, setzen Sie Zeichen der Liebe.

Für eine gesunde Ehebeziehung müssen Sie auf allen drei Ebenen arbeiten und lernen. Das, was herkömmlich unter „Liebe“ verstanden wird, kann niemals Basis sein für eine lebenslange, erfüllende Beziehung.

Eine Triebbefriedigung, die an Lust und Spaß orientiert ist und deren Lebensziel in der eigenen Selbstverwirklichung besteht, verdient nicht die Bezeichnung „Liebe". Wir leben in einer Zeit fürchterlichster Begriffsverwirrung. Den Menschen wird etwas als „Liebe" vorgestellt, was ihn in Isolation, Einsamkeit und Depression führt.

Für die Liebe, wie Gott sie geplant hat, haben wir einen hohen Einsatz zu leisten, der sich aber auszahlt; wir müssen den festen Entschluß fassen, uns an den anderen zu verschenken. Liebe kann niemals auf sich selbst fixiert sein, sondern will immer das absolut Beste für den anderen erreichen. Die Macht der Liebe entfaltet sich dort, wo ich lerne, Liebe zu geben, anstatt nur zu empfangen.

Wenn Sie das einmal nachvollzogen haben, erkennen Sie, daß Liebesbeziehungen, wie Gott sie beabsichtigt hat, von einem packenden und intensiven Austausch auf allen Ebenen geprägt sind. Das wird nie langweilig! Es gibt noch viel zu entdecken an Ihrem Ehepartner! Glauben Sie nicht, Sie hätten schon alle Reserven ausgeschöpft.

„Mit den Jahren wird es immer langweiliger!" Auf diese Lüge lassen Sie sich nicht ein! Nein, es wird immer interessanter, schöner, aufregender in dieser von Gott gewollten Zweierbeziehung.

Sexualität, richtig verstanden

Wie sind die Menschen nur auf die Idee gekommen, die Bibel hätte eine leibesfeindliche Einstellung und würde die Freude an der Sexualität verneinen?

Gott hat uns als Mann und Frau geschaffen, das heißt mit allen menschlichen Gefühlen, Sehnsüchten und sexuellen Antrieben. Sexuelles Verlangen gehört zu Ihrer Persönlichkeit, Sie müssen und dürfen dies nicht verleugnen.

Zum Abschluß seiner Schöpfung sah Gott noch einmal alles an und kam zu dem Schluß: „Siehe, es ist sehr gut!"

(1. Mose 1,31). So wie Sie beschaffen sind, mit Ihrem Aussehen, Ihren Gefühlen und Antrieben: es ist sehr gut! Sexualität ist nicht das Ergebnis des Sündenfalles, sondern von Anfang an von Gott als Bestandteil seiner Schöpfung vorgesehen.

Allerdings hat unser Vater-Gott auch bestimmte Regeln formuliert. Der einzig legitime Platz für Sexualität, so sagt es sein Wort, ist im Bereich der ehelichen Gemeinschaft zu finden. Alles andere bezeichnet die Bibel als Ehebruch bzw. Unzucht.

Nach den Worten der Bibel beginnt die Ehe mit einem öffentlichen Bund vor Zeugen, in dem sich zwei Menschen ihre lebenslange Treue zusagen. Erst danach ist der Weg frei für geschlechtliche Gemeinschaft. Nicht vorher!

Für diese Regel können wir genügend Bibelstellen anführen. In seiner Beziehung zum Volk Israel, das er als seine Braut sieht, führt Gott an: „Ich schwur dir auch und machte einen Bund mit dir, spricht Gott, der Herr, und du wurdest mein“ (Hesekiel 16,8).

Als Boas Ruth zu seiner Frau nimmt, geschieht dies durch einen öffentlichen Bund, der mit dem heutigen Gang zum Standesamt zu vergleichen ist. „Da sprach alles Volk, das im Tore stand, und die Ältesten: wir sind Zeugen! Der Herr mache das Weib, das in dein Haus kommt, wie Rahel und Lea, die beide das Haus Israel gebaut haben“ (Ruth 4,11).

Im Neuen Testament sagt Paulus zum Beginn einer Ehe: „Können sie sich aber nicht enthalten, so sollen sie heiraten“ (1. Korinther 7,9). Die Hochzeit markiert also den Beginn einer Ehe und nicht ein sexuelles Erlebnis. Erst durch einen öffentlichen Bund wird einer zum Lebensgefährten des anderen. Und erst dadurch wird der Weg frei für geschlechtliche Gemeinschaft. Alle andere Sexualität ist Unzucht (siehe auch Galater 5,9 und 1. Korinther 6,9-11).

Diese kompromißlose Einordnung der heterogeschlechtlichen Sexualität in die Ehe und die klare Verurteilung von Ehebruch, Unzucht, Homosexualität, Inzest und Sodomie als Greuelsünden (3. Mose 20,10-17) bedeutet aber keinesfalls, daß die Bibel leibfeindlich ist und keinerlei Freude an der Sexualität zuläßt.

Dieses Urteil unserer Zeitgenossen ist völlig unsinnig. Wie Sie noch sehen werden, spricht die Bibel eine verblüffend natürliche und offene Sprache über Sexualität. So offen, daß es manchem beim Lesen vielleicht peinlich ist, weil die Christen vielfach verlernt haben, natürlich und frei über Sexualität zu sprechen.

Wenn es in der Bibel um Sexualität geht, dann wird davon mit hoher Achtung und Reinheit gesprochen. Allerdings wird auch deutlich betont, daß sie zu großer Freude und gegenseitiger Befriedigung da ist, – wie gesagt, nur im Schutzbereich der ehelichen Gemeinschaft!

Ihre Einstellung zur Sexualität ist wichtig, weil sie Ihr Gedanken- und Gefühlsleben in der intimen Beziehung der Ehe beeinflußt. Da sind die einen, die in einem strengen Elternhaus aufgewachsen sind. Ihre einzige Information, hinter vorgehaltener Hand weitergegeben, war vielleicht: „Das gehört nun mal leider dazu, wenn man Kinder haben will. Das mußt du über dich ergehen lassen."

Die anderen, die nach einem ausschweifenden Leben als Nichtchristen zu Jesus gefunden haben, müssen die alten Eindrücke verarbeiten und sich ganz neu ausrichten.

Glücklicherweise läßt uns die Bibel mit unseren Fragen nicht allein, sondern gibt uns den Schlüssel zu dem richtigen, gottgewollten Verständnis von Sexualität. Um ihr den richtigen Stellenwert einzuräumen und damit gleichsam eine gesunde, unverkrampfte Haltung einzunehmen, benötigen wir eine unvoreingenommene Einstellung, das richtige, biblische Verständnis und eine solide medizinische Aufklärung.

Mußte man noch vor wenigen Jahren Informationen über Sexualität in weltlichen Büchern suchen und war dabei oftmals unsicher, ob man das Gelesene als Christ akzeptieren durfte, so ist der christliche Büchermarkt jetzt offener geworden. Da ich im Rahmen dieses Buches einige Gedanken nur anreißen kann, möchte ich auf ein Buch hinweisen, das ich auf allen meinen Seminaren empfehle: Tim und Beverly LaHaye, „Wie schön ist es mit dir. Das Intimleben in der Ehe". (30)

Heute wird viel über Sexualität gesprochen, zuviel. Vor allem wird dabei auf Techniken des Lustgewinns Wert gelegt. Manch einer meint, wenn er genug davon beherrsche, dann habe er den großen Durchblick.

Sexualität ist bestimmt nicht das Wichtigste im Leben, obwohl sie einen hohen Stellenwert hat. Spannungen in anderen Lebensbereichen wirken sich in der Regel auf die Intensität des Intimlebens aus. Es läßt sich nicht einfach von anderen Lebensbereichen trennen. Dort, wo die Achtung und Liebe zwischen zwei Menschen wächst, erhält ihr Sexualleben immer mehr Erfüllung und Freude. Intensivieren Sie Ihre freundschaftliche und romantische Liebe. Tragen und stärken Sie einander mit der Agape-Liebe. Sexualität in der Ehe darf nicht isoliert gesehen werden; sie ist der natürliche Ausdruck dieser drei Liebesbeziehungen.

Eine der häßlichsten und falschesten Redensarten unserer Zeit lautet: „Hauptsache, es klappt im Bett, dann werden wir schon miteinander klarkommen." Oder: „Wir müssen doch erst einmal ausprobieren, ob wir sexuell zueinander passen."

Was für ein Trugschluß! Es ist genau umgekehrt: „Hauptsache, es klappt mit der gegenseitigen Achtung, Zuvorkommenheit, Rücksichtnahme und Liebe, dann wird es – wenn man verheiratet ist – auch im Bett klappen!"

Wie sieht nun die biblische Haltung zum Geschlechtsleben in der Ehe aus? Gibt es Unterschiede zu dem der Nichtchristen? Wie können Sie die richtigen Maßstäbe entwickeln? Meiner Ansicht nach kann man mit den folgenden Stichworten, wie sie auch Ralph Martin in seinem Buch zur Ehe (31) entwickelt hat, die biblische Haltung zur Sexualität in der Ehe am besten in Kürze darstellen: Freude, Verfügbarkeit, Reinheit, Christusbezogenheit.

Freude

Daß sexuelle Gemeinschaft nötig ist, um Nachkommenschaft zu bekommen, ist wohl jedem geläufig. Den Bibelvers: „Seid fruchtbar und mehret euch ...“ kramt jeder aus seinem Bibelwissen hervor. Aber die sexuelle Gemeinschaft in der Ehe ist nicht nur für die Nachkommenschaft da, sondern auch zu unserer Freude und Befriedigung. Schauen Sie doch nur einmal in das Hohelied Salomos. Dort wird die erotische Liebe eines Brautpaares besungen.

Oder lesen Sie Sprüche 5,18-19: „Dein Born sei gesegnet, und freue dich des Weibes deiner Jugend! Die liebliche Hindin, die anmutige Gemse – möge dich ihr Busen allezeit ergötzen, mögest du dich an ihrer Liebe stets berauschen!“

Erläuterungen zur Interpretation erübrigen sich wohl. In einer Offenheit und Natürlichkeit, die uns ungewohnt erscheint, wird hier von der Freude und gegenseitigen Befriedigung in der ehelichen Intimgemeinschaft gesprochen. Das kann auch Ihre Haltung werden!

Verfügbarkeit

Ausgerechnet der Apostel Paulus, der ja ledig war, spricht in seinen Briefen gute, sachliche, vom Heiligen Geist inspirierte Gebote zum christlichen Intimleben aus.

1. Korinther 7,3-5: „Der Mann leiste der Frau die schuldige Pflicht, ebenso die Frau auch dem Manne. Die Frau verfügt nicht selbst über ihren Leib, sondern der Mann; gleicherweise verfügt aber auch der Mann nicht selbst über seinen Leib, sondern die Frau. Entziehet euch

einander nicht, außer nach Übereinkunft auf einige Zeit, damit euch der Satan nicht versuche um eurer Unenthaltsamkeit willen."

Diese Verse fordern uns auf, in aufrichtiger Liebe und Fürsorge das Verlangen des anderen zu erfüllen. Weder der Mann noch die Frau verfügen über sich selbst, sondern sollen dem anderen zur Freude dienen. Paulus betont die Notwendigkeit regelmäßiger sexueller Beziehungen, damit es nicht zu Problemen und Versuchungen kommt. Sie müssen als Ehepaar über die Häufigkeit Ihrer sexuellen Beziehungen sprechen und Zeit, Ruhe und Energie für diese gottgewollte Gemeinschaft einräumen.

Manchmal muß ich diesen Aspekt eher einer verheirateten Frau deutlich machen. Männer haben auf Grund ihrer Art einen größeren Antrieb, als ihren Frauen bewußt ist. In gegenseitiger Achtung und Rücksichtnahme sollten Sie sich einander nicht entziehen, sondern hingeben. Dann wird Satan weniger Gelegenheit haben, Sie zu versuchen.

Reinheit

Ein christliches Geschlechtsleben unterscheidet sich tatsächlich von dem der Nichtchristen. Es ist frei von jeder Art unmoralischen Verhaltens und sucht immer das Beste für den anderen. So sagt es uns folgender Text: „Denn das ist der Wille Gottes, eure Heiligung, daß ihr euch der Unzucht enthaltet; daß jeder von euch wisse, sein eigenes Gefäß in Heiligung und Ehre zu besitzen, nicht mit leidenschaftlicher Gier wie die Heiden, die Gott nicht kennen" (1. Thessalonicher 4,3-5).

Der Unterschied ist: „Nicht mit leidenschaftlicher Gier wie die Heiden, die Gott nicht kennen." Leidenschaftliche Gier denkt nur an sich selbst und betrachtet den anderen als Objekt der persönlichen Lustbefriedigung.

Man braucht keinen Pornofilm oder „Sex-Shop" besucht zu haben, um zu wissen, daß alles, was dort gezeigt und geboten wird, der „leidenschaftlichen Gier" dient. Vor diesen Dingen, auch in abgeschwächter Form, sollten Sie sich hüten! Das beginnt schon in der Phantasie bei der Verarbeitung aller Eindrücke des Tages, die durch Werbung, Zeitschriften und Fernsehen auf uns einstürmen.

„Hütet euch in eurem Geist und seid nicht treulos", warnt uns der Prophet Maleachi (2,16). Und wie gefährlich kann es insbesondere für Männer werden! Denn die ganze Werbung ist darauf angelegt, in ihnen die primitivsten Antriebe zu wecken.

Da wollen Sie an der Tankstelle Ihre Benzinrechnung bezahlen. Und direkt neben der Geldschale liegen ganz offen die pornographischen Zeitschriften. Manch ein Mann muß sich dann befehlen: „Augen links!", damit sich seine Augen nicht an nacktem Fleisch festsaugen und die „leidenschaftliche Gier" geweckt wird.

Ein christliches Intimleben ist frei von solchen Dingen. Es ist getragen von einer grundlegenden Haltung der Achtung und des Respekts vor dem anderen. Die Devise lautet: „Was ist am schönsten für dich? Ich möchte dir Freude bereiten, und du sollst dich an mir erfreuen. Nicht ich will auf meine Kosten kommen, sondern du sollst es!"

Wenn Sie als Ehepaar diese Haltung einnehmen, dann haben Sie wohl den richtigen Maßstab erkannt. Auch hier gilt es, den „anderen in Demut höher zu achten als sich selbst".

Halten Sie sich frei von den immer mehr zunehmenden Praktiken des Oral- und Analverkehrs (geschlechtliche Befriedigung durch Mund oder After) oder des Masochismus (pervertierte sexuelle Erregung durch Erleiden körperlicher Mißhandlungen oder psychischer Erniedrigungen). Hiervon müssen Christen sich unbedingt fernhalten. Das heißt aber nicht, daß ihr Intimleben langweilig und immer in den gleichen Bahnen laufen muß. Wir dürfen uns schon etwas einfallen lassen, wie unser Intimleben abwechslungsreich und erfrischend bleiben kann. Aber immer innerhalb der Grenzen der Reinheit.

Dazu Ralf Martin: „Wie wir dieses ‚einander achten' verstehen können, zeigt die Erörterung der Frage nach der Vielfältigkeit sexueller Ausdrucksweise. Ein Ehepaar sollte in seiner sexuellen Beziehung frei genug sein, ein bestimmtes Maß an Abwechslung und neuen Versuchen zu praktizieren. Dieses ‚bestimmte Maß' an Abwechslung bedeutet für manche Paare vielleicht, beim Geschlechtsverkehr verschiedene Positionen auszuprobieren oder die Erregung der Geschlechtsteile durch liebevolle Berührung zu einem Teil des Vorspiels zu machen. Wie wir jedoch bereits gesehen haben, hält die christliche Auffassung daran fest, daß der Sexualakt im Geschlechtsverkehr, d.h. Penis in der Scheide, seinen Höhepunkt haben sollte. Andere Arten des Geschlechtsverkehrs, die dem von Gott bestimmten Zweck für unsere sexuellen Anlagen nicht entsprechen, wären selbst für Mann und Frau in der Ehe nicht angemessen. Die Bedeutung dessen, was angemessen ist, schließt auch das Gespräch über Sexualität zwischen Mann und Frau mit ein. Natürlich können Sie frei über Ihre Geschlechtlichkeit sprechen und sich gegenseitig an Ihrem Körper erfreuen; gleichzeitig sollten Sie aber die Achtung und Reinheit bewahren, die das ganze christliche Leben prägt." (32)

Christusbezogenheit

Ihr Geschlechtsleben braucht Christus nicht auszuklammern. „Und was immer ihr tut in Wort und Werk, das tut im Namen des Herrn Jesus und danket Gott und dem Vater durch ihn" (Kolosser 3,17).

Es ist nicht falsch, diesen Vers auch auf das Intimleben zu beziehen, denn Sie müssen es nicht vor Gott verstecken.

Bildlich gesprochen: Jesus muß nicht vor der Schlafzimmertür stehen bleiben, bis Sie ihn nach der geschlechtlichen Gemeinschaft wieder hereinbitten. Nein, Gott hat die Sexualität für die Ehe geplant und gewollt. Deswegen danken Sie Jesus vorher dafür und loben Sie ihn danach vor dem Einschlafen. Dieser Hinweis hat schon manchem, der eine unfreie, gehemmte Haltung in die Ehe hineingebracht hat, zu der richtigen Sicht und Erfüllung geholfen.

Vergessen Sie nicht: Gott hat Sie mit Ihrer Geschlechtlichkeit geschaffen und ist daran interessiert, daß auch Sie Erfüllung darin finden. Wenn Sie Probleme haben, dann beten Sie gemeinsam dafür. Bringen Sie sie ins Licht. Probleme können nur schwer gelöst werden, wenn Sie sie verborgen halten. Aber Ehepaare, die über alles sprechen und es gemeinsam im Gebet vor Gott ausbreiten können, sind schon sehr weit miteinander gekommen.

Gerade im sexuellen Empfinden sind Mann und Frau grundverschieden. Sie machen alles von Anfang an falsch, wenn Sie das andere Geschlecht nicht kennen und meinen, der andere empfinde und reagiere genauso wie Sie. Sie müssen mehr übereinander lernen, und das erreichen Sie, indem Sie miteinander darüber sprechen.

Der wesentlichste Unterschied zwischen Mann und Frau besteht darin, daß der Mann normalerweise schnell erregt ist, während die Frau eine gewisse Zeit braucht. Auch wird die Erregung bei einem Mann weiterhin durch visuelle Eindrücke (durch das Sehen) ausgelöst und bei einer Frau über den Tastsinn. Eine Frau wird durch Romantik stimuliert. Sie muß sich hingezogen, geachtet, respektiert und verehrt fühlen. Sie braucht die romantische Geborgenheit, sonst fühlt sie sich oftmals nur benutzt. Manchmal bleibt dann auch ein Gefühl der Leere und der Unfähigkeit zurück.

Halten Sie sich diese grundlegenden Unterschiede stets vor Augen, und gehen Sie entsprechend auf Ihren Ehepartner ein. Sonst riskieren Sie Disharmonien: die Frau möchte sich im Dunkeln unter der Bettdecke einkuscheln und schmusen, aber der Mann würde gern den Körper seiner Frau bewundern. Der eine muß über den andern wissen, was er gern mag. Geben Sie Ihrer Frau die romantische Geborgenheit und genügend Schmuseeinheiten. Wenn es für Sie als Frau eine Person gibt, die Sie verführen dürfen, dann ist es Ihr Ehemann. Denken Sie an sein visuelles Bedürfnis. Vor Ihm dürfen Sie alle Ihre weiblichen Reize ausspielen.

Ich bin der festen Überzeugung, daß Christen, die ihre Maßstäbe von der Bibel ableiten, auf die Dauer gesehen die beglückendsten geschlechtlichen Beziehungen haben werden. Mit den Jahren wird es nicht langweiliger, sondern noch erfüllender, zärtlicher und schöner werden.

Eine Umfrage der amerikanischen Zeitschrift „Red Book“ unter 100.000 Frauen gibt mir recht. Bei der Auswertung wird betont, daß „die stark religiöse Frau sexuell aufgeschlossener ist als andere Frauen ihres Alters“!

Der Grund dafür liegt auf der Hand: Befolgen Sie Gottes Prinzipien – in welchem Lebensbereich auch immer –, dann werden sich mit der Zeit Lebensfreude und Erfüllung einstellen. Vergessen Sie also die vier Grundgedanken einer biblischen Sexualität nicht: Freude, Verfügbarkeit, Reinheit und Christusbezogenheit.

Die Verführung durch Bequemlichkeit, Verantwortungslosigkeit und Konsumhaltung

Wir haben zur Zeit in Deutschland eine noch nie dagewesene Unlust zu Ehe und Kind. Weder auf eheliche Treue noch auf Kinder wollen sich die jungen Paare heute einlassen. Laut Umfrage beabsichtigen 84% der jungen Männer und 80% der jungen Frauen, erst einmal probeweise zusammenzuleben, ehe sie das Risiko einer Ehe eingehen. Mehr als ein Drittel will niemals heiraten. Sie fühlen sich in einer festen Beziehung auf die Dauer zu sehr eingeengt.

Die Frage der Berufstätigkeit ist für die befragten Personen auch geklärt. Nahezu 100% der jungen Frauen denken nicht daran, ihren Beruf aufzugeben, um eventuell einmal einen Haushalt oder gar Kinder zu versorgen.

Für die jungen Paare – ob verheiratet oder „auf Probe" – gehört zum gemeinsamen Glück zunächst einmal der Konsum und erst in zweiter Linie ein Kind.

„Noch immer sind die jungen Leute überwiegend von einer Lebensphilosophie geprägt, bei der die persönliche Freiheit, die Freizeit und das finanzielle Polster vor den Freuden oder Sorgen mit dem Nachwuchs rangieren. Zu diesen Ergebnissen kommt die ökonomisch-psychologische Studie ‚Kind und Konsum' innerhalb einer von der Stiftung Volkswagenwerk geförderten Längsschnittuntersuchung ‚Wertwandel und generatives Verhalten'" (Braunschweiger Zeitung 11.11.82).

Nach dieser Studie zählt nur jedes zehnte Paar zu der Rubrik „familienorientierte Alternative", wo Kinder wichtiger sind als Konsum und Karriere. Diese zehn Prozent wollen die meisten Kinder: im Durchschnitt 2,5!

„Dagegen machen ‚prestigebewußte Konsumierer', ‚dynamische Weltenbummler' und ‚kleinbürgerliche Häuslebauer' nahezu zwei Drittel aus: Für diese drei Gruppen gilt das Motto ‚Kind nach Konsum'."

Diese 60% erweisen sich als die größten Nachwuchsmuffel. Sie wollen im Schnitt 1,3 Wunschkinder, weil ihnen Wohlstand und Freizeit am allerwichtigsten sind.

Unlust zu Ehe und Kind

Da diese Lebenshaltung mehr als bedrohlich für den Fortbestand unseres Volkes geworden ist, machen sich inzwischen auch Fachleute Gedanken über die Ursachen dieser Unlust zu Ehe und Kind.

Unter ihnen gibt es vor allem zwei Denkschulen, die sich gegenüberstehen: die Sozial- und die Wirtschaftswissenschaftler. „Während die Soziologen an einen tiefgreifenden Wertewandel glauben, nehmen die Ökonomen wirtschaftliche Ursachen an" (WamS 31.3.84).

Nach der „ökonomischen Theorie" ist der Verzicht auf Kinder hauptsächlich auf finanzielle Gründe zurückzuführen. Bei einer Meinungsumfrage in Nordrhein-Westfalen gaben 66% dies als Grund ihrer Unlust auf Nachkommenschaft an. Diese Haltung ist nicht verwunderlich, da uns in den letzten Jahren immer wieder aufgezeigt wurde, wie kostspielig ein Kind ist und wie sehr kinderreiche Familien in der Tat benachteiligt sind.

So rechnet uns Prof. Wolfram Engels vor: „Kinder waren für frühere Generationen eine wirtschaftliche Notwendigkeit. Heute sind sie wirtschaftlich nur eine Last. Sie ist nicht gering: Ein berufstätiges Ehepaar fällt ungefähr auf ein Drittel seines Lebensstandards zurück, wenn es Kinder haben will und die Frau im Hause bleibt. Das setzt sich bis ins Rentenalter fort. Die Familie, die durch ihre Kinder zum Erhalt des Generationenvertrags beigetragen hat, erhält weniger Rente als das kinderlose Paar" (WamS 12.2.84).

Oder nehmen wir ein Beispiel, das Bundespräsident Carstens in einer Bürgerdiskussion anhand zweier Ehepaare erläuterte: „Das eine zieht vier Kinder groß und erwirbt nur eine Rente, weil die Hausfrau durch die Kinder ausgelastet ist. Das kinderlose Ehepaar hingegen, das sich einen höheren Lebensstandard und meist auch eine private Altersversorgung zusätzlich geleistet hat, erwirbt zwei Renten, die die Kinder des ersten Paares zahlen."

Menschen, denen Bequemlichkeit, Wohlleben und persönlicher Erfolg das höchste Ziel sind, machen solche Fakten sicherlich nachdenklich. Ihre logische Schlußfolgerung lautet: Kinder sind keine Lust, sondern eine Last.

Es ist verständlich und sinnvoll, daß unsere jetzige Regierung mit Gebär- und Kindbettprämien die bundesdeutsche „Menschenproduktion" ankurbeln will. Doch diese finanziellen Anreize – das hat auch die Familienpolitik anderer Länder gezeigt – werden die Haltung der jungen Paare nur unwesentlich ändern.

Denn die wirtschaftlichen Faktoren sind nur ein Teil der Gründe für die Unlust zum Kind. Den wesentlichen Anteil trägt der tiefgreifende Wertewandel durch die Kulturrevolution. Der häufig angeführte „Pillenknick" hat dabei lediglich eine technologische Bedeutung.

Immer mehr Frauen suchen ihre Erfüllung im Beruf und nicht mehr in der Fürsorge für die Kinder. Die Parolen der Frauenemanzipationsbewegung erweisen sich als tödlich für Ehe und Familie. Selbstverwirklichung und Konsum gehen vor Verzicht und Hingabe. Außerdem, so argumentieren die Soziologen, sei durch den gestiegenen Wohlstand ein Anspruchsdenken ausgelöst worden, das keinen Platz mehr für Kinder läßt.

Einen weiteren Grund finden wir in der zunehmenden Zukunftsangst. Die Furcht vor wirtschaftlichem Zusammenbruch, Umweltkatastrophen und einem Atomschlag veranlaßt viele junge Paare, keine Kinder mehr in die Welt zu setzen. Eine Generation ohne Hoffnung!

Wer tatsächlich noch eine Ehe eingeht und Kindern das Leben schenkt, muß Mut beweisen!

Auf dem Egotrip

Die Gründe, die gegen Familie und Kinder sprechen, kann ich bei Menschen, die keine Hoffnung haben, gut verstehen. So muß ein Mensch zwangsläufig denken und empfinden, der durch die Kulturrevolution umprogrammiert worden ist.

Äußerst alarmierend ist allerdings, daß auch viele Christen – und damit meine ich nicht nur Namenschristen – von diesem Wertewandel infiziert wurden und sich nun ebenso auf dem „Egotrip" befinden. Es wird mit unseren christlichen Ehen abwärts gehen, wenn wir nicht wachsam sind und alle selbstbezogenen Regungen im Lichte der Bibel prüfen.

Was steckt dahinter, wenn junge Menschen nicht heiraten wollen? Angst, sich zu binden, zuviel aufzugeben und Verzicht üben zu müssen, sich nicht selbstverwirklichen zu können?

Warum wollen immer mehr junge Ehepaare weniger oder gar keine Kinder? Ist es Bequemlichkeit, Konsumhaltung, keine Bereitschaft, Verantwortung zu übernehmen, Angst vor der Zukunft?

Alle diese Gründe gelten für Christen nicht, weil sie die Antithesen dieser Welt zu den Thesen der Bibel darstellen. Weil Gott die Kontrolle hat, sind wir zur Hoffnung berufen, auch wenn um uns herum niemand mehr Hoffnung hat.

Der Lebensstil eines Christen sollte Hingabe, Liebe, Verzicht um des anderen willen, Treue in den kleinen Dingen und Verantwortungsbereitschaft beinhalten. Für ihn heißt nicht Selbstverwirklichung das Ziel, sondern Selbstaufgabe!

Aber zu viele Christen sind in Selbstbezogenheit gefangen und sind nicht bereit, die Verantwortung für einen anderen Menschen zu übernehmen. Es ist klar, daß sie dann auch nicht Opfer für Kinder bringen können. Sie sind zu sehr beschäftigt; sei es durch Beruf, Hobbys, Mitarbeit in der Gemeinde oder durch persönliche Probleme, die sie in Atem halten und den Blick für andere nicht freigeben.

Ich weiß nicht, ob Sie sich in dieser Aufzählung wiederfinden. In uns allen steckt wohl diese egoistische Haltung – ein fürchterlicher Hang zur Verantwortungslosigkeit –, die mit der Hilfe Jesu überwunden werden muß. Wenn Sie das nicht lernen, werden Ihr Ehepartner und Ihre Kinder immer unter Ihrer Selbstbezogenheit und Ihren Launen leiden.

Haben Sie die gottgewollte Bedeutung, die Ehe und Familie für Ihr geistliches Wachstum haben, schon erkannt? Gott hat die Familie eingesetzt, um Sie von Ihrem Egoismus zu befreien, Sie zu lehren, ganz für den anderen dazusein. Hier ist der Trainingsplatz für die Fortentwicklung unseres geistlichen Lebens und unseres Dienstes innerhalb der Gemeinde Jesu.

Gott bildet seine geistlichen Leiter zuallererst in ihren Familien aus. Hingegebene, verantwortungsvolle Väter und Mütter werden auch gute Mitarbeiter und Leiter in den Gemeinden sein. Dieser Herausforderung zum geistlichen Wachstum dürfen wir Christen nicht ausweichen.

Die Philosophie unserer modernen Gesellschaft geht von dem Individuum als Grundeinheit der Gesellschaft aus. Ausdrücke wie Gleichberechtigung, Selbständigkeit, Selbstverantwortung und Selbstverwirklichung spiegeln dieses Denken wider.

In der Bibel wird nicht der einzelne, sondern die Familie als Grundeinheit der Gesellschaft bezeichnet. Gott spricht den einzelnen zuerst in seiner Verantwortung gegenüber seiner Familie an. Den Mann in seiner Verantwortung gegenüber Frau und Kindern ebenso wie Frau und Kinder hinsichtlich ihrer Aufgaben innerhalb der Familie.

Wenn jemand seiner Berufung und Verantwortung in dem engsten Lebensverband der Familie nicht nachkommen kann, ist er auch nicht qualifiziert, Verantwortung im Reich Gottes zu übernehmen: „Wenn jemand aber seinem eigenen Hause nicht vorzustehen weiß, wie wird er für die Gemeinde Gottes sorgen?" (1. Timotheus 3,5).

Auch in vielen Gemeinden wird recht „individualistisch" gepredigt. Es wird oftmals nur der einzelne in seiner Beziehung zu Gott angesprochen und nicht die Familie. Gebote zur Hingabe und Liebe werden automatisch zuerst auf das Zusammenleben mit anderen Christen bezogen und nicht auf das Zusammenleben in der Familie.

Nehmen wir nur einmal diese Verse: „Ziehet nun an als Gottes Auserwählte, Heilige und Geliebte, herzliches Erbarmen, Freundlichkeit, Demut, Sanftmut, Geduld, ertraget einander und vergebet einander, wenn einer wider den andern zu klagen hat; gleichwie Christus euch vergeben hat, also auch ihr. Über dies alles aber habet die Liebe, welche das Band der Vollkommenheit ist" (Kolosser 3,12-14).

Ohne Kenntnis meiner Einführung hätten Sie sicherlich auch gesagt, dies sei ein wichtiger Text für das Miteinander in der Gemeinde. Stimmt auch! Aber viele vergessen, daß das Training dazu zu Hause stattfindet. Als Ehepaar bzw. Familie sind Sie zu einem Leib berufen. Der Umgang untereinander wird mit folgenden Stichworten beschrieben: herzliches Erbarmen, Freundlichkeit, Demut, Sanftmut, Geduld, Vergebung!

Mir persönlich hat Gott schon in den ersten Ehejahren einen Gedanken klargemacht, der mir seit jener Zeit vor Augen steht: „Eberhard, erst mußt du es lernen, zu Hause ein Mann Gottes zu sein, ehe du in der Öffentlichkeit ein Mann Gottes sein kannst!“

Das habe ich mir zu Herzen genommen. Ich habe zu viele Männer auf der Flucht vor ihrer gottgegebenen Verantwortung gesehen. Ob es die Überstunden in der Firma waren oder die Gemeindeeinsätze, alles mögliche lieferte Vorwände, um den Aufgaben in der Familie zu entfliehen. Diese Haltung hat immer zu Eifersucht, Bitterkeit und Frustrationen in der Ehe geführt.

Ich möchte nicht mit einem zweifachen Maßstab leben: in der Öffentlichkeit der strahlende Überwinder mit „Heiligenschein“ und zu Hause der unbeherrschte, muffelige Ehemann und Vater. Das paßt nicht zusammen!

Aber ich mußte eine Menge lernen! Ich erinnere mich noch gut, wie ich einmal in meinem Arbeitszimmer saß und betete: „Herr, was hast du dir nur dabei gedacht, uns elf Kinder anzuvertrauen? Ist das nicht ein bißchen viel? Was hast du damit beabsichtigt?“

Kristallklar stand mir sofort die Antwort Gottes vor Augen: „Mein Sohn, damit du es lernst, zu Hause in den kleinen Dingen treu zu sein und mehr als ein Überwinder zu werden. Dann werden dir die Menschen deine Botschaft besser abnehmen.“

Seit diesem Zwiegespräch haben sich meine Prioritäten verschoben. Meine Familie ist Missionsfeld Nummer eins! Hier habe ich den Test zu bestehen. Hier muß ich lernen, meinen Egoismus zu überwinden, den anderen zu dienen, sie höher zu achten als mich selbst und mich hinzugeben. Dann werde ich um so glaubwürdiger ein Zeugnis für Gott sein können.

Das Geheimnis des Sich-Mitteilens

Ein großes Problem, das allerdings nicht nur in der Ehe auftritt, ist die Unfähigkeit, sich richtig mitzuteilen.

Lehrer beobachten, daß Teenager immer unfähiger

werden, Konflikte verbal zu lösen, und um ihre Meinung sehr schnell handgreiflich kämpfen. Es ist allgemein zu beobachten: Man ist nicht mehr in der Lage, aufeinander zu hören, sondern schreit sich an. Recht hat, wer lauter tönt und die Mehrheit hinter sich weiß.

Das Problem der zunehmenden „Sprachlosigkeit“ hat sicherlich viele Gründe. Der Fernseher als Unterhalter nimmt das Gespräch ab. Durch die Medien vorgefertigte Meinungen lassen das eigene Denken und die Fähigkeiten zur sprachlichen Formulierung verkümmern.

Bequemlichkeit und Gleichgültigkeit machen sich breit und verdrängen den anderen in den Bereich des Unwichtigen. Ein selbstbezogener Mensch wird immer einen schlechten Gesprächspartner abgeben. Entweder will er selbst nur im Mittelpunkt stehen und läßt den anderen nicht zu Wort kommen, oder er vergräbt sich in Schweigsamkeit, weil er zuviel über sich und seine Probleme zu grübeln hat.

Während Sie normalerweise einem solchen Menschen aus dem Wege gehen können oder es nur einige Zeit mit ihm auszuhalten haben, stecken Sie in der Ehe immer auf engstem Raum zusammen. Falsches Verhalten und unbedachte Worte können dann zu Explosionen führen.

Ich hatte es lange nicht für möglich gehalten, bin aber nun selbst davon überzeugt: Mangel an bzw. Unfähigkeit zur Kommunikation stellt ein Hauptproblem in vielen Ehen dar. Das hat sich in den meisten Beratungsgesprächen herausgestellt. Dieses Problem ist der Anfang und die Ursache für schwerwiegende Konflikte.

Sich richtig mitzuteilen ist eine Kunst, die erlernt werden muß. Wenn Sie dazu nicht bereit sind, werden Sie immer wieder Probleme und Mißverständnisse heraufbeschwören. Denn in allen Ehen werden Schwierigkeiten auftauchen! Das bringt das enge Zusammenleben so mit sich. Die Frage ist nur, wie sie gelöst werden!

Die Paare, die offen und frei über alle Dinge sprechen

können, werden Probleme anders bewältigen als solche, die dazu nicht in der Lage sind.

Wenn sich erst einmal Mißverständnisse, Groll, Ärger und Vorwürfe unausgesprochen angestaut haben, ist schon höchste Alarmstufe. Noch schlimmer ist es, wenn ich dann von einer resignierenden Frau höre: „Er hat ja nie Zeit zum Zuhören gehabt!" Oder wenn er hervorstößt: „Was soll's, sie versteht mich ja doch nicht!" Wird dann noch gesagt: „Ich traue mich nicht mehr, dieses Thema anzuschneiden ...", weiß ich, daß in dieser Ehe die Fähigkeit zur Kommunikation im Keller angelangt ist.

Stecken Sie in diesen Schwierigkeiten, dann sind zwei Dinge vordringlich für Sie: Zeit nehmen zum Gespräch und lernen, auf Ihren Ehepartner eingehen zu können!

Zeit haben ist überlebensnotwendig

Sich Zeit füreinander zu nehmen ist überlebensnotwendig. Wie sieht es oftmals aus: Montag-, Dienstag-, Mittwoch-, Donnerstag-, Freitag-, Samstagabend – an jedem Abend ist etwas los. Entweder beruflich oder mit Gemeinde und Freunden. Sie sind als Ehepaar nicht allein zusammen. Am Sonntag übernimmt dann der Fernseher das Gespräch.

Viele engagierte Christen halten das Thema „Zeit füreinander haben" aus einem falschen Evangelisationsdrang heraus für unwichtig oder haben sogar ein schlechtes Gewissen dabei.

Wie viele christliche Ehepartner habe ich schon beobachtet, die aufgrund geistlichen Stresses und Zeitmangels sich mit den Monaten und Jahren auseinanderleben! Plötzlich schauen sie sich an und fragen: „Was haben wir uns noch zu sagen? Mein Gegenüber ist mir so fremd geworden." Manch einer mußte von der „Bühne" abtreten und ist nun dabei, die Scherben eines vernachlässigten Ehe- und Familienlebens mühsam wieder zusammenzukitten.

Aus diesen Fehlern können wir nur lernen! Wir müssen uns regelmäßig Zeit nehmen, um uns auszusprechen und gemeinsame Lösungen und Entscheidungen zu suchen.

Kein Tag sollte ohne Kommunikation verlaufen. Sie brauchen mindestens zwanzig Minuten pro Tag zum zwanglosen Plaudern und Austauschen über die Tagesereignisse. Suchen Sie eine für Sie günstige Zeit: Vielleicht, wenn die Kleinen im Bett sind, bei einem Bummel durchs Wohnviertel oder nach dem Mittagessen, bei einer Tasse Tee. Jedes Paar muß die für sich günstigste Zeit finden.

Ein Mann, dessen Ehe wegen vieler kleiner Mißverständnisse kriselte, fing an, als erstes jeden Tag nach Feierabend mit seiner Frau und seiner Tochter einen kleinen Spaziergang zu machen. So hatten sie Zeit und schulten sich, über alle Eindrücke und Mißverständnisse des Tages zu sprechen. Die zwanglose Atmosphäre beim Nebeneinanderherschlendern machte das Gespräch um vieles leichter, als wenn sie sich am Tisch gegenüber gesessen hätten. Mit dieser Taktik brachten sie wieder einiges in ihrer Ehe ins rechte Lot.

Lassen Sie den Gesprächsfaden in Ihrer Ehe niemals abreißen! Reservieren Sie darüber hinaus mindestens einen ungestörten Abend pro Woche für sich und Ihren Ehepartner – allein, ohne Freunde und ohne Verantwortung für die Kinder. Machen Sie es sich gemütlich, schaffen Sie eine angenehme Umgebung, entweder zu Hause oder indem Sie ausgehen. Und wählen Sie nicht gerade einen Abend, an dem Sie abgearbeitet und müde sind, so daß Ihnen beim aufmerksamen Zuhören die Augen zufallen.

Dies ist nach meiner Erfahrung ein Minimalprogramm, um eine Ehe auf die Dauer stabil zu erhalten. Wenn Sie diese Zeit nicht für Ihren Ehepartner einsetzen wollen, brauchen Sie sich nicht zu wundern, wenn sich Mißverständnisse und Entfremdungen einschleichen.

Worüber sollen wir nur reden?
Wenn Sie nun den Entschluß fassen, sich tatsächlich diese Zeit füreinander zu nehmen, dann kann es passieren, daß Ihnen der Gesprächsstoff ausgeht, weil Sie zu ungeübt sind oder nicht wissen, wie Sie sich ausdrücken sollen.
Was ist Kommunikation?

Es ist ein ehrliches Mitteilen aller Gedanken, Meinungen, Gefühle und Nöte; vollkommen offen sein vor dem anderen, ohne Geheimnisse. Dabei sind die scheinbar belanglosen Dinge genauso wichtg wie die tiefen Empfindungen des Herzens.

Und schon tauchen die Probleme auf! Mit Erschrecken stellen Sie fest: Da sind ja Barrieren! Sie tragen eine Maske. Sie sagen nicht, was Sie wirklich meinen. Sie haben sogar Angst, Ihre Empfindungen mitzuteilen, und mißverstehen einander noch gründlich. Offene und ehrliche Kommunikation ist ein weites Feld und will erlernt sein.

Lassen Sie mich einige der häufigsten Kommunikationsprobleme nennen. Sich diese Probleme einmal bewußt zu machen und dann liebevoll auf die Schwächen des anderen hinzuweisen hilft schon weiter.

„Wer antwortet, bevor er gehört hat, dem ist es Torheit und Schande" (Sprüche 18,13). Dieser Bibelvers weist Sie schon auf eines der häufigsten Probleme hin: Viele Menschen können nicht richtig zuhören. Sie sind nicht fähig, dem anderen ihre volle Aufmerksamkeit zu schenken. Entweder sind sie mit den Gedanken ganz woanders oder sie reden immer dazwischen.

Kennen Sie das auch? Ihr Ehepartner spricht mit Ihnen. Plötzlich bricht er ab und ruft enttäuscht: „Du hörst mir ja gar nicht zu!" Ihr abwesender Blick hat Sie entlarvt.

Ich habe lange Zeit versucht, meiner Frau klarzumachen, daß ich sehr wohl beides könnte: ein Buch lesen und ihr trotzdem zuhören. Meiner Meinung nach konnte ich das sogar sehr gut, denn wenn sie mich testete, konnte ich ihre Worte genau wiedergeben. Schließlich habe ich aber doch eingesehen, daß mein Verhalten eine grobe Unhöflichkeit darstellt, und ich bin dabei umzulernen.

Nicht richtig zuhören und den anderen unterbrechen ist ein Zeichen von häßlicher Egozentrik. Man drückt damit aus: „Was hast du schon zu sagen? Du bist mir nicht wichtig! Meine Gedanken sind viel wertvoller!"

Zeigen Sie Interesse an allen Lebensbereichen Ihres Ehepartners. Ermutigen Sie ihn zu erzählen. Zeigen Sie ihm durch eine Geste, daß Sie wirklich zuhören wollen: Legen Sie die Zeitung zur Seite und suchen Sie den Augenkontakt. Segnen Sie ihn in Gedanken beim Zuhören, und vor allen Dingen eins: reden Sie ihm nicht dazwischen!

Auch ein anderes Kommunikationsproblem deckt die Bibel auf: „Ein Tor läßt all seinem Unmut den Lauf; aber ein Weiser hält ihn zurück" (Sprüche 29,11). „Tropfenweise geht der Hader an; darum laß vom Zanken, ehe er losbricht!" (Sprüche 17,14). „Abzulassen vom Zank ist für den Mann eine Ehre; jeder Narr aber kann die Zähne zeigen" (Sprüche 20,3).

Durch falsche und überzogene emotionale Reaktionen macht man sich gegenseitig das Leben schwer. Hat man da im Laufe der Jahre so einige Untugenden angesammelt, ist es nicht einfach, diese wieder abzulegen. Was hat nicht der eine Ehepartner alles zu erleiden, wenn der andere überempfindlich reagiert! Jedes Wort muß auf die Goldwaage gelegt werden. Es könnte ja sein, daß der andere explodiert oder ein tagelanges Schweigen vorzieht. So kann man auf die Dauer nicht zusammen leben.

Wie sieht es bei Ihnen aus mit Unbeherrschtheit, Jähzorn, Schreien und häßlichen Worten? Meistens sind es die Allernächsten, die den Unmut und die Aggressionen eines frustrierten Vaters oder einer gestreßten Mutter zu erleiden haben.

Woanders wagt man es nicht, sich gehen zu lassen. Der Chef würde einem etwas erzählen, vor Arbeitskollegen will man sich nicht blamieren und andere Christen sollen nicht sehen, daß der „Heiligenschein" Risse hat. Also geht es nur noch zu Hause. Und durch falsche Aussagen der Psychologie wird diese lieblose Haltung auch noch unterstützt: angeblich muß man ja seinen angestauten Aggressionen freien Lauf lassen, um neurotischen Störungen vorzubeugen.

Diese Aussagen finde ich in meiner Bibel nicht. Dort wird vielmehr gesagt, wir sollten zerstörerische Verhaltensweisen ablegen: „Nun aber leget das alles ab: Zorn, Grimm, Bosheit, Lästerung, häßliche Redensarten aus eurem Munde. Lüget einander nicht an, – da ihr ja den alten Menschen mit seinen Handlungen ausgezogen und den neuen angezogen habt" (Kolosser 3,8-9).

Die Bibel kennt keine Katharsis-Theorie, d.h. sie verficht nicht die Meinung, daß durch Abreagieren eine innere Reinigung erfolgt. Sie spricht statt dessen vom Ablegen. Das mag Nichtchristen unmöglich erscheinen. Aber Christen, die durch ihre Bekehrung zu Jesus Christus den „neuen Menschen" angezogen haben, schaffen es.

„Eine sanfte Antwort dämpft den Grimm; ein verletzendes Wort aber reizt den Zorn" (Sprüche 15,1). „Freundliche Reden sind wie Honigseim, süß der Seele und heilsam dem Gebein" (Sprüche 16,24). Wir sind aufgefordert, in Liebe miteinander zu sprechen. Man soll sich schon die Wahrheit sagen und auf Fehler hinweisen – aber in dem richtigen Ton: ohne Tadel, Vorwürfe und Verletzungen. Vermeiden Sie Verallgemeinerungen wie: „Immer läßt du die Tür auf" oder: „Nie denkst du an mich", „Jedesmal ...". Erstens trifft eine solche Aussage wohl in den seltensten Fällen zu, und zweitens stempeln Sie den anderen mit solchen Äußerungen zum absoluten Versager.

Wenn Ihr Ehepartner sich in der Wortwahl vergriffen hat, denken Sie daran: „Eine sanfte Antwort dämpft den Grimm". Holen Sie tief Luft, sprechen Sie ein Stoßgebet und reagieren Sie ruhig. In diesem Moment ist Gott an Ihrer Reaktion interessiert; mit Ihrem Ehepartner rechnet er extra ab.

„Legt darum die Lüge ab und redet die Wahrheit ein jeder mit seinem Nächsten ... Wenn ihr zürnt, so sündigt nicht. Die Sonne soll nicht untergehen über eurem Zorn, und gebt dem Teufel keinen Raum“ (Epheser 4,25-27).

Mangel an Ehrlichkeit, Furcht, sich offen mitzuteilen, fehlende Vergebungsbereitschaft, so könnte die Palette der Kommunikationsprobleme beliebig erweitert werden. Man sagt nicht, was man wirklich meint, und quält den anderen mit Andeutungen oder launischem Schweigen.

Hören Sie damit auf! Machen Sie es sich zur Regel, keinen Tag unbereinigt abzuschließen. Wenn Sie nur dies eine schaffen, ist schon vielen Problemen vorgebeugt. Kein Abend ohne versöhnliche Aussprache über die gegenseitigen Verletzungen! So geben Sie dem Teufel keine Möglichkeit, Ihre Ehe zu spalten. Der nächste Tag kann mit neuer Kraft begonnen werden – und am Abend wird erneut Bilanz gezogen.

Einer klagt, sein Ehepartner sei zu verschlossen; man müsse ihm jede Äußerung aus der Nase ziehen, ein anderer kann sich vor dem Redeschwall seines Partners kaum retten. Gegensätze ziehen sich bekanntlich an.

Interessant ist zu beobachten, was dahintersteckt. Da ist der sehr stille Mann mit einer ewig plappernden Frau oder der überaktive Managertyp mit einer eher schüchternen Ehehälfte. Wenn man es nur verstünde, aufeinander einzugehen und Rücksicht zu üben, würde man sich nicht Probleme, sondern Bereicherung bescheren. Leider gelingt dies in den wenigsten Fällen.

Mit den Jahren wird der Stillere oft noch schweigsamer, weil er es aufgegeben hat, in den Wortschwall des anderen einzubrechen. In solchen Ehen muß der dominierende Teil bewußt zurücktreten und die schon genannten Kommunikationsregeln einhalten. Und der Verschlossene darf sich nicht herausreden: „Ich bin halt so; daran kann ich nichts ändern!“ Vielmehr muß er sich klarmachen, daß die Kommunikation das Rückgrat der Ehe ist und Passivität tödlich sein kann.

Andererseits gibt es immer wieder Zeiten, zu denen einem nicht zum Reden zumute ist. Dann erklären Sie Ihr Schweigen durch eine Geste, ein Lächeln oder mit den Worten: „Schatz, sei mir nicht böse; ich brauch jetzt ein wenig Zeit zum Nachdenken.“ Kann der Ehepartner Ihr Schweigen nicht einordnen, wird es beinahe immer negativ ausgelegt.

Sie müssen in Ihrer Ehe offen miteinander reden können. Manchmal tun sich die Männer darin schwerer als ihre Frauen. Einige halten Schweigsamkeit irrigerweise auch noch für besonders männlich und wollen ihre Gedanken und Gefühle nicht mitteilen. Für ihre Frauen bleiben sie zeitlebens ein Buch mit sieben Siegeln.

Männer, die ungern über eigene Gefühle reden, tun sich oft schwer, Gefühle und Empfindungen ihrer Frauen nachzuvollziehen. Darunter leiden viele Frauen. Um ihr Defizit auszugleichen, verfallen viele dann in beständiges Reden, Betteln, Jammern, Nörgeln oder Klagen. Es ist erstaunlich, wie erfolgreich Gespräche mit diesen Methoden total abgeblockt werden können.

Wenden Sie eine andere Taktik an! Wie ein Pfadfinder müssen Sie Möglichkeiten erkunden, Ihre Bedürfnisse mitzuteilen. Überlegen Sie sich genau: Wann ist die richtige Zeit, wo der richtige Ort und wie die richtige Art?

Die ungünstigste Zeit ist wohl dann, wenn der Ehepartner abgearbeitet nach Hause kommt oder nachdenklich mit Sorgenfalten auf der Stirn durch die Wohnung geht. Locken Sie ihn mit all seinen Sorgen und Belastungen heraus aus seiner gewohnten Umgebung. Planen Sie einen Wochenendurlaub oder nur einmal einen Abend in einem Restaurant. Dies kann ihn schon zu einem wesentlich aufgeschlosseneren Gesprächspartner machen.

Und wenn Sie dann den günstigen Moment zum Losschießen getroffen haben: Seien Sie so herzlich, humorvoll und liebevoll wie möglich! Reiten Sie keine Attacke gegen die Person des Ehepartners!

Um Haltungen zu ändern, reicht ein Gespräch oftmals nicht aus. Ein Ehepartner, der sich zum Ziel gesetzt hat, die Kommunikation in seiner Ehe zu vertiefen, darf niemals aufgeben. Er muß sich alle Mühe geben, die individuellen Wünsche seines Partners zu befriedigen und seine eigenen Wünsche und Gefühle immer wieder neu mitzuteilen.

Die Kommunikation vertiefen

Es gibt verschiedene Ebenen der Kommunikation. Die traurigste ist wohl die der destruktiven Kritik: Man hat sich nichts Gutes mehr zu sagen. Alles, was einem einfällt, ist negativ. Ein schreckliches Zusammenleben!

Andere kommen nicht über die Ebene des Sich-Grüßens und des Informationsaustausches hinaus: „Wie geht es dir? Hast du gut geschlafen? Wie war die Arbeit?" „Danke, mir geht's wie immer."

Besser geht es schon denen, die auf der Ebene des Meinungsaustausches angelangt sind. Wenn Sie sich dabei auch noch angemessen und höflich die Meinung sagen können, läßt es sich schon aushalten.

Aber Sie sollten sich auch damit noch nicht zufriedengeben. Die höchste Ebene der Kommunikation erreichen Sie erst dann, wenn Sie wirklich keine Geheimnisse mehr voreinander haben und auch Ihre Gefühle und Empfindungen einander offen mitteilen können.

Lernen Sie es, offen über Ihre Gefühle zu sprechen. Geben Sie Ihrem Ehepartner Einblick in das, was Sie beschäftigt oder niederdrückt. Schildern Sie es sachlich, ohne daß er sich angegriffen fühlt, wenn es ihn betrifft.

Seien Sie bereit, auch Ihre schwachen Stellen zu zeigen. Gestehen Sie Ihre Hilflosigkeit ein. Nennen Sie dem anderen Ihre Ängste, Ihre persönlichen Schwierigkeiten und Versuchungen, und sagen Sie ihm: „So sieht es aus mit mir. Ich brauche dich. Allein komme ich nicht klar."

Vor Ihrem Ehepartner müssen Sie die Maske ablegen. Während Sie allen anderen Menschen vielleicht noch etwas vormachen können, in der Ehe ist das nicht erlaubt. Gott hat Sie zu „einem Fleisch" bestimmt, damit Sie in tiefer Einheit alles teilen. Sie werden das Geheimnis der ehelichen Gemeinschaft niemals entdecken, wenn Sie vor Ihrem Ehepartner etwas verbergen wollen.

Pflegen Sie eine intensive geistliche Gemeinschaft. Sprechen Sie viel über geistliche Dinge. Lesen Sie zusammen in der Bibel und beten Sie gemeinsam.

Immer wieder höre ich von Frauen: „Oh, mein Mann ist ein Mann des Gebets! Stundenlang kann er beten und die Bibel lesen – für sich allein in seinem Studierzimmer. Für mich hat er keine Zeit!"

Dies ist kein Scherz, sondern traurige Praxis in vielen christlichen Ehen. Eines will ich hier ganz klar sagen: Von der Bibel her gesehen liegt es in der Verantwortung des Mannes, mit seiner Frau und seiner Familie Andacht zu halten und zu beten. Hier hat er die Initiative zu ergreifen.

Wissen Sie, wie es geistlich um Ihren Ehepartner steht? Beantworten Sie einmal spontan diese Fragen: „Was liest er/sie zur Zeit in der Bibel? Welche christliche Lektüre interessiert ihn/sie zur Zeit? Was sind seine/ihre Gebetsanliegen? Wie sehen seine/ihre geistlichen Wachstumsschritte aus?"

Aus der Beantwortung dieser Fragen können Sie ersehen, wieviel Arbeit Sie noch im Bereich „Kommunikation über geistliche Dinge" erwartet.

Kommunikation ohne Worte

Es gibt auch eine Kommunikation ohne Worte. Damit meine ich jetzt nicht ein stunden- oder tagelanges

Schmollen oder beleidigtes Schweigen. Nein, sondern den liebevollen Blick, der manchmal mehr ausdrücken kann als viele Worte. Das sanfte Streicheln, das zeigt: Du bist nicht allein, ich bin bei dir!

Diese Gesten können Ängste verjagen, trösten und Geborgenheit vermitteln. Während die meisten in der Verlobungszeit wie die Kletten aneinander hängen, kühlt dieser Austausch von Zärtlichkeit in vielen Ehen dann ab. Das braucht nicht zu sein. Lernen Sie es wieder, sich oft und gerne zärtlich zu berühren und dabei Botschaften weiterzugeben.

Halten Sie sich oft an den Händen. Setzen Sie sich Schulter an Schulter, wenn Sie den Abend schmökernd verbringen. Krabbeln Sie beim Schlafengehen unter eine Zudecke und lassen Sie den Wecker am Morgen etwas eher klingeln, damit Sie noch Zeit zum Einkuscheln finden.

Diese Art der Kommunikation übermittelt ohne große Worte Botschaften der Annahme, Treue und Geborgenheit.

Seien Sie veränderungswillig

Vielleicht sind Sie von Natur aus still, zurückhaltend oder scheu. Es fällt Ihnen sehr schwer, aus sich herauszukommen. Oder ist es Ihr Problem, daß Sie zu beschäftigt, selbstsüchtig, stolz und vorlaut sind?

Sprechen Sie mit Ihrem Ehepartner darüber, beten Sie zusammen um Gottes Kraft und Weisheit. Beginnen Sie einen neuen Lebensabschnitt, indem Sie offen miteinander reden.

Wie entkommen Sie dem „Konsumrausch"?

Diese Frage hat etwas mit Ihrem christlichen Lebensstil zu tun. Welche Rolle spielen Ausgaben und finanzielle Sicherheiten in Ihrem Leben? Wie oft drehen sich Ihre

Gedanken ums Geld, das Sie nicht mehr haben, aber doch gerne hätten? Woran orientiert sich Ihr Anspruchsdenken?

Wenn die Familienfinanzen nicht in Ordnung sind, gibt es unnötige Spannungen und Druck. Einige Eheberater meinen, die Einteilung der Finanzen sei einer der Hauptgründe für eheliche Mißstimmungen und Scheidungen.

Wenn das Geld nicht bis zum Monatsende reicht, muß der Schuldige gesucht werden. Dann wirft der Mann seiner Frau vor, sie hätte das Wirtschaftsgeld nicht richtig eingeteilt und zuviele Kinkerlitzchen gekauft. Und sie erwidert, das neue Auto und seine Video-Anlage hätten die ganze Misere gebracht. Er hätte auf sie hören sollen; und außerdem wäre jetzt zuerst der längst fällige Geschirrspüler dran.

Beide haben wesentliche Prinzipien der gemeinsamen Geldverwaltung noch nicht erkannt und werden so immer einen Grund finden, sich in den Haaren zu liegen. Wenn das Geld ohne Planung und Überblick ausgegeben wird, wird es nie reichen.

Das Geldausgeben wird uns heute so leicht gemacht, daß viele Familien in eine Schuldenfalle geraten. Von allen Seiten kommen die Angebote. Immer ist man versucht, mehr Geld auszugeben, als man hat. Mit den Erkenntnissen der modernen Werbepsychologie werden über die Massenmedien in uns Bedürfnisse und Sehnsüchte für Dinge geweckt, für die wir uns bei nüchternen Überlegungen gar nicht interessieren würden.

Und alle Jahre wieder gelingt es der Werbung zu Weihnachten, die Massen in einen Kaufrausch und in die Einkaufsstraßen zu locken. Trotz des ständigen Geredes von steigender Arbeitslosigkeit und sinkenden Realeinkommen sitzt den Leuten das Geld locker in der Tasche.

Letztes Jahr haben wir als Familie diesen Weihnachtsrummel nicht mehr mitgemacht. Wir haben das für Geschenke vorgesehene Geld zusammengelegt und an ein befreundetes Missionarsehepaar geschickt. Uns selbst haben wir mit kleinen Aufmerksamkeiten erfreut.

Trotz unseres Konsumverzichtes wurden zu Weihnachten immer noch 20 Milliarden Mark umgesetzt. „Für die Erfüllung von Weihnachtswünschen ist in der Bundesrepublik Deutschland noch nie soviel Geld ausgegeben worden wie in diesem Jahr. Fast 20 Milliarden Mark wurden nach Informationen des Einzelhandels umgesetzt. Die einen nennen es Konsum-Zwang, die anderen Aufschwung“ (WamS 25.12.83).

Eine andere Zeitung schrieb: „In der Silvesternacht verpulverten die Deutschen mehr Feuerwerk als in den vergangenen Jahren. Zum Jahreswechsel 1983/84 gaben die Bundesbürger etwa 100 Millionen Mark für Feuerwerk aus. 15 Millionen Mark mehr als in den früheren Jahren.“

Angesichts dieser Zahlen sollten wir Christen uns ernsthaft fragen, wie denn nun unser Lebensstil und unser Anspruchsniveau aussehen sollte.

Ganz sicher ist die Tatsache, daß zur Zeit jeder zweite Privathaushalt über seine Verhältnisse lebt, ein Ergebnis des überzogenen Anspruchsdenkens. „In der Bundesrepublik hat jeder zweite Privathaushalt einen Kredit mit einer Durchschnittshöhe von 12.000 Mark aufgenommen. Jahr für Jahr geraten 1,0 bis 1,5 Millionen Kreditnehmer mit ihrer Rückzahlung in Verzug. 200.000 bis 300.000 Verträge werden gekündigt. Die Folge sind neue Kosten für Verzugszinsen, Mahnbescheide, Zwangsvollstreckungen und schließlich weitere Kosten für Maklergebühren und Restschuldversicherung bei sogenannten Umschuldungen – an eine Tilgung der Schulden ist oft nicht mehr zu denken. Kreditnehmer sitzen im ‚modernen Schuldturm‘.

Ein durchaus nicht untypischer Fall: Ein Schlosser hat 1977 bei einer Teilzahlungsbank einen Kredit von 14.000 Mark aufgenommen. Durch Arbeitslosigkeit und andere Umstände geriet er in Verzug. Nach und nach konnte er bislang 13.000 Mark bezahlen, die restliche Forderung beläuft sich aber immer noch auf 24.000 Mark und steigt ständig weiter, weil der Rückzahlungsbetrag nicht für die Tilgung der Grundschuld ausreicht“ (Braunschweiger Zeitung 8.2.84).

Scheidungsanwälte haben eine interessante Entwicklung festgestellt: „Mehr und mehr bilden speziell in den jungen Ehen die gemeinsam gemachten Schulden den eigentlichen Hintergrund für die Zerrüttung der Ehen. Mangel schafft Konflikte, und dann ist der Gedanke an die Scheidung nicht mehr weit“ (Die Welt 4.4.84).

Wenn es tatsächlich zu der schon oft erwarteten und befürchteten wirtschaftlichen Depression kommt, müssen Sie es jetzt lernen, mit dem auszukommen, was sie haben. Angesichts der düsteren Zukunftsaussichten sollten Sie einen fröhlichen, einfachen Lebensstil einüben, der frei von jedem Konsumzwang ist. Dabei sollten Sie eine offene Hand haben für alle, die Not leiden.

Diesen Lebensstil können Sie nur lernen, wenn Sie sich einer gründlichen persönlichen „Inventur“ unterziehen und darüber nachdenken, was die wesentlichen Werte in Ihrem Leben sein sollen. Dann nehmen Sie die Bibel zur Hand, und lernen Sie aus Gottes Wort die grundlegenden Prinzipien für eine kluge Geldverwaltung. Auch zu diesem Thema hat dic Bibel eine Menge zu sagen.

Wenn Sie wollen, daß Gott Sie auch finanziell segnet, müssen Sie zunächst die biblischen Prinzipien einhalten und Ihrem Herrn Ihre Fähigkeit zur Verläßlichkeit und treuen Verwalterschaft des Ihnen anvertrauten Geldes zeigen.

Richtlinien für eine kluge finanzielle Haushalterschaft

Wie sollte ein biblisch-orientierter Lebensstil in unserer heutigen Zeit aussehen? Zunächst möchte ich von vier Voraussetzungen sprechen, die Grundlage für Ihre Einstellung zu Geld und Besitz sein sollten. Danach gehe ich auf praktische biblische Prinzipien zur Geldverwaltung im familiären Rahmen ein.

Ich plädiere immer wieder dafür, daß wir Christen uns ruhig ein wenig „Aussteigermentalität" aneignen sollten. Wir sind nicht den Konsumzwängen und Sicherheitsbedürfnissen unserer Gesellschaft unterworfen. Wir haben andere Werte, und unsere Sicherheiten gründen sich auf Gott.

Diese Aussage kommt – nicht nur mir – sicherlich zunächst leicht über die Lippen. Der Test in der Praxis des Alltags muß erst bestanden werden. Worin suchen Sie Ihre existentielle Sicherheit?

In einem krisenfesten Arbeitsplatz oder in der Weiterbildung und beruflichen Karriere? Ist es das Polster auf dem Sparbuch, die Wertanlage oder die ständige Geschäftserweiterung?

Diese Fragen müssen Sie für sich selbst beantworten, wie auch ich darauf meine Antwort finden muß. Das ungesunde Streben nach mehr Sicherheiten und mehr Geld kommt letztlich aus der existentiellen Verlorenheit des von Gott getrennten Menschen. Wo soll er sonst Ruhe und Sicherheit suchen?

Nur eine wachsende persönliche Beziehung zu Jesus Christus gibt die Geborgenheit, aus der heraus Sie sagen können: „Gott ist mein Versorger, in ihm habe ich alle meine Sicherheiten."

Welches sind die wichtigsten Ziele Ihres Lebens? Ihre Selbstverwirklichung, der berufliche Erfolg, die Karriere? Haben Sie schon einmal danach gefragt, welche Ziele Ihr himmlischer Vater mit Ihnen haben könnte?

Hier müssen grundlegende Antworten gefunden werden. In meinem Leben gab es auch eine Zeit, da tat ich, was ich für richtig hielt. Erst nach Jahren der Nachfolge Jesu dämmerte mir, daß ein erfülltes Leben nicht darin besteht, seine eigenen Pläne durchzusetzen, sondern den Willen Gottes zu erfragen.

Ein Bibelvers hat mich wachgerüttelt und veranlaßt, nach den wichtigsten Werten meines Lebens zu fragen. Diese Wahrheit hat mein Leben revolutioniert: „Ich will dich unterweisen und dir den Weg zeigen, den du wandeln sollst; ich will dich beraten, meine Augen auf dich richtend“ (Psalm 32,8).

Haben Sie es auch herausgelesen? Es gibt einen Weg, den Sie gehen sollen! Es ist nicht egal, wie Sie Ihre Zeit hier auf der Erde gestalten. Gott hat sich etwas Besonderes für Ihr Leben ausgedacht. Er selbst will die grundlegenden Werte für Ihr Leben festlegen. Sind Sie bereit, auf ihn zu hören?

Ich erinnere mich noch, wie ich einmal in einem Hotelzimmer in Österreich unruhig auf und ab ging, betete und über meine Zukunft nachdachte. Während des Gebetes gingen mir dann diese Gedanken durch den Kopf: „Eberhard, letzten Endes kannst du dein Leben gestalten, wie du willst. Du kannst deinen eigenen Plänen nachgehen, du kannst aber auch auf mich hören. Ich habe dir einen freien Willen gegeben. Aber bedenke eins: Alles, was aus deinen eigenen Gedanken geboren ist, wird bestenfalls die zweit-, dritt-, viert- oder fünftbeste Lösung für dein Leben sein. Das Erstbeste bekommst du nur, wenn du auf mich hörst.“

Seit dieser Zeit ist es mein vordringlichstes Bestreben, Gottes Willen für mein Leben zu erkennen. Das war und ist nicht immer leicht; auch das Hören auf Gottes Stimme muß man lernen. In dem Leben meiner Familie hat sich dadurch eine Menge verändert, bis hin zur Gestaltung meiner beruflichen Aktivitäten.

Meine Devise lautet inzwischen: Lieber weniger Geld verdienen, aber dafür mehr persönliche Freiheit haben! Dann kann ich eher das tun, was Gott von mir möchte, und besser meiner Berufung als Vater nachkommen.

Natürlich ist ein gewisser beruflicher Erfolg wichtig, Sie brauchen ihn auch für Ihre Selbstbestätigung. Aber die Prioritäten müssen richtig gesetzt werden. Was nützt eine berufliche Karriere, wenn die Familie dabei zugrunde geht?

Ein entfernter Bekannter bekam von seinem Vorgesetzten ein Beförderungsangebot, verbunden mit einer beträchtlichen Gehaltserhöhung. Nach reiflichem Nachdenken lehnte er es zum Erstaunen seiner Arbeitskollegen ab. Der Grund: Er hätte ein halbes Jahr lang, getrennt von seiner Familie, einen Lehrgang besuchen müssen. Im Gebet wurde ihm klar, daß seine Frau und seine Kinder darunter zu sehr leiden würden und er durch die Trennung eventuell sogar die Beziehung zu seinen Söhnen, die gerade im Teenageralter waren, verlieren könnte. Das war ihm die Gehaltserhöhung nicht wert. Dieser Mann hat die Werte für sein Leben richtig gesetzt!

James Dobson, ein angesehener und erfolgreicher amerikanischer Kinderpsychologe, drückt die gleiche Lebenshaltung für sich so aus: „Ich möchte aus tiefster Überzeugung heraus sagen, daß ich mehr als nur ‚leere Schlösser' zurücklassen möchte, wenn ich einmal sterbe. Mit 38 Jahren weiß ich, wie schnell und unaufhaltsam unsere Lebensuhr abläuft. Vergebens habe ich versucht, die Zeit aufzuhalten oder ihr Tempo wenigstens zu verlangsamen, doch von einem Jahr zum anderen hatte sie es nur noch eiliger. So rasch die vergangenen zwanzig Jahre verflogen sind, werden auch die kommenden drei oder vielleicht vier Jahrzehnte vorübergehen. Es gibt also keinen geeigneteren Zeitpunkt für mich (und für Sie) als jetzt, um einmal Inventur zu machen und festzustellen, welche Werte meiner Zeit und Kraft würdig sind. Ich persönlich bin bei der Inventur zu dem Schluß gelangt, daß die Anhäufung von Reichtümern – selbst im Erfolgsfall – nicht der Sinn meines Lebens sein kann. Wenn ich an das Ende meiner Tage komme – das kann heute, morgen oder auch in einigen Jahren sein – muß ich auf etwas Sinnvolleres zurückblicken können als auf das Streben nach Häusern,

Grundbesitz, Aktien und sonstigem Vermögen. Und Ruhm? Auch der ist vergänglich! Wenn ich nicht die Gewißheit habe, für meine Familie gesorgt, meine Zeit und Kraft im Dienst an meinen Mitmenschen eingesetzt und mich aufrichtig bemüht zu haben, dem Gott zu dienen, der mich geschaffen hat, werde ich mein irdisches Leben als vertan betrachten. Alles andere ist nicht der Rede wert und noch weniger, daß ich mich darüber aufrege. Und wie steht es mit Ihnen?“ (33)

Erkennen Sie Gott als Eigentümer aller Dinge an!

Alles, was Sie besitzen, gehört Gott. Diese Feststellung mag zunächst banal klingen. Aber, wenn das nicht wirklich klar ist, können Sie in eine ungute Bindung ans Geld kommen.

Gott ist der Eigentümer. Sie sind der treue Verwalter dessen, was er Ihren Händen anvertraut hat. Das Geld gehört auch nicht dem Verdiener, sondern ist Ihnen zum Wohle der ganzen Familie anvertraut.

Alle Mitglieder der Familie müssen mit ihren Wünschen und Bedürfnissen berücksichtigt werden. Ist die Frau mit Haushalt und Kindern beschäftigt, haben beide das nach Hause gebrachte Geld des Mannes verdient: er für seine Tätigkeit außerhalb des Hauses und sie für ihre aufopferungsvolle Hingabe zu Hause.

Viel zu schnell sind Männer dabei, bei Anschaffungen zunächst ihre eigenen Wünsche zu berücksichtigen. Die Videoanlage oder die Heimwerkerausrüstung ist oft schneller da als der Geschirrspüler oder der Mikrowellenherd. Es soll sogar noch Männer geben, die ihren Frauen die Höhe des Verdienstes verschweigen und sie mit einem kargen Haushaltsgeld abspeisen.

Gott ist der Eigentümer, Sie sind sein Verwalter! Im Gebet und in der Verantwortung vor Gott müssen die Familienfinanzen den Bedürfnissen jedes Mitglieds der Familie zugeordnet werden. Und der Anteil, der Gott gehört, darf nicht vergessen werden.

Geben Sie Gott, was ihm gehört!
Der zehnte Teil Ihres Einkommens gehört Gott; danach erst fängt das Opfern an. Diese Feststellung mag Sie zunächst schockieren, aber die biblischen Prinzipien zum Umgang mit Geld unterliegen nicht den normalen Maßstäben unserer Welt, sondern anderen Gesetzmäßigkeiten. Das Motto dieser Welt heißt: „Jeder ist sich selbst der Nächste. Sorge für dich, dann wird es dir gut gehen."

Der biblische Maßstab lautet: „Gebet, so wird euch gegeben werden; ein gutes, vollgedrücktes, gerütteltes und überfließendes Maß wird man euch in den Schoß geben. Denn mit eben dem Maße, mit welchem ihr messet, wird euch wieder gemessen werden" (Lukas 6,38).

Mit welchem Maß messen Sie, was das Geben für Gottes Reich betrifft? Vielleicht habe ich Ihnen hiermit noch eine „Nuß" zu Knacken gegeben.

Gott ist der Schöpfer und Eigentümer all dessen, was auf der Erde ist. Deshalb beansprucht er für die Arbeit in seinem Reich auch den zehnten Teil Ihres Einkommens: „Bringet aber den Zehnten ganz in das Kornhaus, auf daß Speise in meinem Hause sei, und prüfet mich doch dadurch, spricht der Herr der Heerscharen, ob ich euch nicht des Himmels Fenster auftun und euch Segen in überreicher Fülle herabschütten werde" (Maleachi 3,10).

Gott bietet Ihnen in diesem Wort einen echten Test an: Wenn Sie dieses Gebot befolgen, wird Gott Sie segnen. Testen Sie ihn!

Sicherlich ist mit dem Haus, in dem Speise sein soll, in erster Linie der Ort gemeint, an dem Sie Ihre geistliche Nahrung bekommen: Ihre örtliche Gemeinde. Sie können Ihr Geld natürlich auch an andere Arbeiter im Reich Gottes geben.

Wer nicht bereit ist, den „Zehnten" zu geben, beraubt damit Gott. Das ist ein hartes Wort. Aber es ist nicht von mir, sondern steht im Vers 9 des gleichen Kapitels.

Halten wir sein Gebot, so verspricht Gott, uns zu segnen: er wird „den Segen in überreicher Fülle herabschütten“. Dies muß nicht unbedingt in Form herabrieselnder Geldscheine geschehen, sondern kann jede Art von Segen sein: Frieden, Harmonie in der Familie, Gesundheit, Zufriedenheit, Weisheit und was wir uns sonst noch an Gutem von Gott vorstellen können.

Meinen Sie nicht, daß diese Verheißung es wert ist, ausprobiert zu werden?

Meine Eltern haben mir die Treue im „Zehntengeben“ vorgelebt. Soweit ich zurückdenken kann, habe ich es auch praktiziert. Je mehr ich Jesus lieben gelernt habe, um so freudiger habe ich es getan. Ich kann Gott nicht für das bezahlen, was er für mich getan hat, aber ich kann meine Dankbarkeit mit einem wirklichen Opfer ausdrükken.

Kurz vor unserer Hochzeit habe ich als Student einige Zeit gejobt, um wenigstens etwas Geld für unseren neuen Hausstand zusammenzubekommen. Trotzdem habe ich ein ganzes Monatsgehalt zusätzlich für die Missionsarbeit gegeben. Zum nächsten Monatsanfang rief mich der Chef in sein Büro und erhöhte aus heiterem Himmel meinen Stundenlohn. So machte ich von Anfang an meine Erfahrungen auch mit finanziellen Segnungen Gottes.

Als junges Ehepaar haben wir uns sehr für die Außenmission interessiert. Wir waren betroffen von der Not in der Dritten Welt und beschämt über unser privilegiertes Leben hier. Dort bemühen sich die Menschen, etwas in den Magen zu bekommen, und wir haben kaum andere Sorgen, als den Wohlstandsspeck wieder loszuwerden.

Bis zu unserer stürmischen Familiengründung mit sechs Kindern führten wir ein fröhliches, aber asketisches Leben. Das komplette Gehalt, das meine Frau verdiente, gaben wir einer bewährten Missionsarbeit und lebten selbst von meiner Studienhilfe. Oftmals saßen wir morgens beim Frühstück mit Margarinebrot und Muckefuck und waren glücklich, etwas für unseren geliebten Herrn getan zu haben. Diese Verzichtsübung hat uns sehr gut geschult für die Aufgaben, die wir damals noch nicht einmal ahnten.

Bei allen Entscheidungen bemühten wir uns, nach Matthäus 6,33 zu handeln: „Trachtet aber zuerst nach dem Reiche Gottes und nach seiner Gerechtigkeit, so wird euch solches alles hinzugelegt werden."

Wenn Geld übrig war, wurde es für das Reich Gottes zur Verfügung gestellt. Es entspricht nicht unserem Lebensstil, Sicherheiten in Sparguthaben oder Wertanlagen zu suchen, und wir sind von Gott niemals enttäuscht worden. Wir erleben die Erfüllung der in Maleachi 3,10 gegebenen Verheißung, sowohl in geistlicher als auch in finanzieller Hinsicht. Gott hat uns noch niemals im Stich gelassen.

Vielleicht sagen Sie: „Bei meiner angespannten finanziellen Situation kann ich es mir nicht erlauben, den Zehnten zu geben, geschweige denn darüber hinaus noch zu opfern." Sie sollten den Satz anders formulieren: „Ich kann es mir nicht erlauben, den Zehnten *nicht* zu geben und mir so Gottes Segen und Fürsorge entgehen zu lassen."

Verdienen Sie Ihr Geld ehrlich

Dieser Punkt sollte selbstverständlich sein. Und doch können auch Sie sehr schnell in eine Situation der Unehrlichkeit verwickelt werden. Schließlich ist es ja heute gang und gäbe und für manchen sogar zu einer Art Hobby geworden. Da wird Büromaterial privat genutzt und Werkzeug aus dem Betrieb mitgenommen, der Versicherung wird ein falscher Schaden vorgetäuscht und bei der Steuererklärung werden Einnahmen vertuscht und Ausgaben aufgebauscht. Arbeitslosengeld oder Sozialhilfe wird unberechtigterweise kassiert, Rechnungen nicht bezahlt usw.

Damit die „Fenster des Himmels" auch über Ihnen offen bleiben, müssen Sie sehr selbstkritisch sein in bezug auf das, was erlaubt ist oder nicht. Bringen Sie Ihre Vergangenheit in Ordnung, wenn sich dort dunkle Stellen befinden. Ansonsten wird immer ein geistlicher Mangel in Ihrem Leben sein.

Nehmen Sie sich diesen Bibelvers zu Herzen; er hat mich schon vor manch einem Fehltritt bewahrt: „Wer seine Missetaten verheimlicht, wird kein Gelingen haben; wer sie aber bekennt und läßt, der wird Barmherzigkeit erlangen“ (Sprüche 28,13).

Richtlinien für eine kluge Haushaltsführung

Es gibt einige grundlegende Prinzipien, die absolut notwendig sind, wenn Sie eine gute Geldverwaltung erlernen und nicht in der Schuldenfalle landen wollen. Diese Prinzipien müssen treu und regelmäßig praktiziert und zu Ihrer Lebenshaltung werden. Dann sind Sie nämlich Herr über die Finanzen und nicht umgekehrt.

Wie sieht Ihre jetzige finanzielle Situation aus? Wie hoch sind die Einnahmen und die Ausgaben? Welche Kredite laufen? Wem haben Sie vielleicht noch etwas privat zurückzuzahlen?

Wenn Sie keinen Überblick über die Geldeinnahmen und Ausgaben haben, werden Sie zu schnell über Ihre Verhältnisse leben. Klären Sie zunächst einmal Ihre jetzige finanzielle Situation.

Familien, die nicht Buch führen, geben fast immer zuviel Geld aus. Das ist eine Erfahrung, die ich immer wieder mache. Natürlich wissen sie dann nicht, wo die Schwachstellen in ihrer Haushaltsführung sind; sie können es lediglich vermuten.

Ein einfaches Haushaltsbuch hilft, die Übersicht über die gegenwärtige Situation zu bewahren. Anhand dieses Buches können Sie kontrollieren und planen, was Sie ausgeben bzw. spenden oder sparen wollen.

Ich war noch nie ein Freund von penibler Buchführung. Meine Frau erst recht nicht. Aber spätestens zu der Zeit, da mein Gehalt nicht mehr regelmäßig Monat für Monat auf dem Bankkonto verbucht wurde und wir völlig von Gott abhängig waren, habe ich angefangen, Buch zu führen.

Für die, die es wie ich nicht kompliziert mögen, hier eine einfache Anleitung: Nehmen Sie ein DIN-A5-Heft, und machen Sie sich im ersten Teil eine monatliche Übersicht über die Einnahmen. Hier tragen Sie alles Geld ein, das in Ihre Hände kommt: das Gehalt, das Kindergeld, das Wohngeld, die Lohnsteuerrückzahlung, weitere Auszahlungen, private Geldgeschenke usw.

Am besten machen Sie gleich hier, wo die wunderbaren Pluszahlen stehen, eine Spalte für Ihren Zehnten und vielleicht auch für Ihre Opfer. Dann vergessen Sie dies wenigstens nicht.

In einem zweiten Teil des Heftes teilen Sie einzelne Spalten für die verschiedenen Ausgaben ein. Die Benennung der einzelnen Posten wird von Familie zu Familie unterschiedlich sein. Der eine verfaßt lieber eine recht grobe Planung, bei der verschiedene Punkte zusammengefaßt sind, den anderen interessiert die Höhe einzelner kleiner Posten.

Folgende Punkte können Sie aufführen: Lebensmittel, Waschmittel, Kleidung, Wohnungs- bzw. Hauskosten (inkl. Energiekosten und Reparaturen), Auto, Versicherungen und Daueraufträge, Kinder (Schule, Taschengeld, Geschenke), persönliche Ausgaben und die den Rest umfassende Spalte ‚Sonstiges'.

Wenn Sie bisher nicht Buch geführt haben, fangen Sie erst einmal an, für einige Monate konsequent alle Ausgaben in die von Ihnen gewählten Rubriken einzutragen. Das hat mit Haushaltsplanung noch nichts zu tun. In dieser Phase werden erst einmal die ‚Fakten geklärt'. Jetzt werden Sie nämlich feststellen, in welchen Bereichen Sie das meiste Geld ausgeben, und können gemeinsam beraten und planen, wieviel Geld für die einzelnen Sparten ausgegeben werden darf. Das ist die Voraussetzung dafür, daß Ausgaben und Einnahmen am Monatsende im Einklang stehen.

Sie können auch in dieser Phase der Klärung gezielt einzelne Punkte unter die Lupe nehmen. Eine Bekannte hat drei Monate lang konsequent alle Ausgaben für Fleisch extra gekennzeichnet. Zum Schluß blieb ihr die Luft weg über die hohen Ausgaben. Schnell kamen sie zu der Entscheidung, daß es auch mit weniger Fleisch und mehr Gemüse geht.

Andere haben festgestellt, daß sie unbedingt in puncto Ausgehen oder Kleidung die Bremse ziehen müssen, um ihren Haushalt im Gleichgewicht zu halten.

Haben Sie dann erst einmal einen Überblick über Ihre einzelnen Ausgaben gewonnen, können Sie Ihre Buchführung, die ja etwas Arbeit bereitet, auch lockerer handhaben. Bei uns werden inzwischen Ausgaben unter fünf Mark nicht mehr eingetragen, sondern kommen unter einen Pauschalbetrag.

Geben Sie Ihr Geld überlegt aus

Ihre Buchführung wird einen wunderbaren Nebeneffekt haben. Sie werden Ihr Geld automatisch überlegter ausgeben. Denn immerhin müssen Sie es ja für alle Familienmitglieder sichtbar in Ihr gutes Buch eintragen. Da werden Sie sich manches Mal wegen einer unsinnigen Ausgabe die Haare raufen.

Schulen Sie sich, damit Sie eine klare Kontrolle über Ihre Ausgaben behalten. Drei Fragen können hilfreich sein und Ihre Motivation zum Kauf aufdecken:

Können wir es uns leisten?

Brauchen wir es wirklich?

Könnten wir auch ohne dies auskommen?

Wenn Sie sich vor jedem Griff ins Regal diese Fragen stellen, wird Ihr Einkaufswagen wesentlich leerer die Kasse passieren.

Kaufen Sie nicht impulsiv, sondern nach einem Einkaufszettel. Machen Sie Preisvergleiche und nutzen Sie die Sonderangebote. Eine Mutter stellte fest, daß das Haushaltsgeld länger reichte, wenn sie einen Wochenplan für ihre Mahlzeiten erstellte und dann einmal wöchentlich anhand eines Einkaufszettels ihren Einkauf erledigte. Bisher hatte sie fast täglich mit ihrem Kleinen, der ja auch mal an die frische Luft mußte, einen Einkaufsbummel gemacht und nach dem gegriffen, was sie zu brauchen meinte.

Machen Sie keine Schulden

Dies ist ein hohes Ziel. Immerhin wird es uns so leicht gemacht, das Konto zu überziehen oder mal schnell einen Kredit aufzunehmen. Die Bank freut sich jedesmal, denn schließlich verdient sie daran am meisten.

Halten Sie sich aus Schulden heraus. Schuldenmachen ist eine Mißachtung der Gebote Gottes. Darauf liegt kein Segen. In Römer 13,8 lesen wir: „Seid niemand etwas schuldig!"

Es ist eine gute Regel, sich niemals Geld für Konsum- oder Luxusgüter zu leihen. Zu diesen zähle ich: Möbel, Kleidung, Urlaub, Autos u.a. Leisten Sie sich diese Dinge erst, wenn das Geld dazu vorhanden ist.

Natürlich können unvorhergesehene Ausgaben kommen, die den Familienhaushalt so belasten, daß Sie meinen, nicht ohne Kredit auszukommen: Eine unerwartet hohe Autoreparatur oder eine defekte Waschmaschine etwa.

Um für solche Fälle vorzubeugen und um Schulden zu vermeiden, rechnen manche Familie zwei Zehnte ein. Ein Zehnter für Gott und ein Zehnter auf ein Sparbuch. Diese Summe ist nicht dazu da, um Reichtum anzusammeln. Sie wird aus einem einzigen Grund zurückgelegt: um für unvorhergesehene Haushaltsausgaben, für eine Familieninvestition oder die Bedürfnisse eines anderen gerüstet zu sein.

Schulden sind teuer! Überziehen Sie Ihr Konto, haben Sie dafür in der Regel 10,5% zu zahlen. Nehmen Sie z.B. einen Kredit von 10.000 DM. Wollen Sie ihn über einen Zeitraum von 6 Jahren abstottern, haben Sie der Bank zum Schluß 13.000 DM gegeben. Das sollte Sie nachdenklich stimmen!

Schulden rauben die Freiheit! Es wird sehr unangenehm für Sie, wenn Sie aus irgendwelchen Gründen nicht in der Lage sind, den Kredit abzuzahlen. Bei jedem normalen Darlehen unterschreiben Sie, daß sie den pfändbaren Teil Ihres Gehaltes abtreten, wenn Sie nicht in der Lage sind, die Raten zu zahlen. Dann holt sich die Bank das Geld direkt von Ihrem Arbeitgeber, und Sie können sehen, wie Sie klarkommen.

Welch ein Elend kommt über eine Familie, wenn aufgrund von Arbeitslosigkeit oder an den Folgen eines Streiks das monatliche Gehalt ausbleibt. Hat man keine Kredite laufen, kann man den Gürtel enger schnallen und eine gewisse Zeit von dem leben, was man hat. Das geht aber nicht, wenn Sie monatlich hohe Summen zurückzahlen müssen.

Leben Sie nur von dem, was Sie haben! Wir müssen wohl alle bereit sein, unseren Lebensstil zu überprüfen. Das Inflationsproblem in Ihrem Haushalt kann nur gelöst werden, wenn Sie nein sagen zu Schulden und bereit sind, von dem zu leben, was Sie haben.

Paulus formuliert aus seiner Erfahrung den von uns erwarteten christlichen Lebensstil: „Ich habe gelernt, mit der Lage zufrieden zu sein, in welcher ich mich befinde. Ich verstehe mich so gut aufs Armsein wie aufs Reichsein; ich bin in allem und für alles geübt, sowohl satt zu sein, als zu hungern, sowohl Überfluß zu haben, als auch Mangel zu leiden. Ich vermag alles durch den, der mich stark macht“ (Philipper 4,11-13).

Ihr persönliches Bibelstudium: Der Christ und sein Geld
Die Bibel spricht erstaunlich häufig vom richtigen Umgang mit Geld. Dieses Thema ist nicht Ihre Privatsache, sondern muß den Maßstäben der Bibel unterworfen sein.

Wenn Sie unter Gottes Segen und Fürsorge leben wollen, müssen Sie Gottes Prinzipien für Geld und Gut kennen und befolgen. Darum soll es in diesem Bibelstudium gehen.

„So wie Kinder uns von Gott anvertraut werden und nicht unser Besitz sind, sondern letztlich Gottes Eigentum, für das wir verantwortlich sind, so sind auch materielle Güter Gottes Leihgabe an uns. Bei Kindern sehen wir das sicher sehr viel schneller ein; aber das gilt eben auch für Sachwerte. In der Bibel gibt es Besitz nur als geschenkten Besitz, als zugeteiltes Gut, für das der Mensch vor Gott verantwortlich bleibt, weil Gott der Herr allen Besitzes ist.“ (34)

Im folgenden werde ich Ihnen zahlreiche Bibelstellen nennen, die Sie durcharbeiten sollten. Einige werden neu für Sie sein, andere eventuell Ihren gesamten bisherigen Lebensstil in Frage stellen. Weichen Sie dem Aufruf des Wortes Gottes nicht aus. Stellen Sie sich seinem Wort, beten Sie darüber und finden Sie aus dem Gehorsam zu Gottes Wort Ihren Lebensstil!

Zwei Wege zu materiellem Segen

a) Wohlstand als Frucht fleißiger Hände
„Nachlässigkeit macht arm, aber eine fleißige Hand macht reich“ (Sprüche 10,4).
„Der Faule wünscht sich viel und hat doch nichts; die Seele des Fleißigen aber wird reichlich gesättigt“ (Sprüche 13,4).
Sprüche 6,6-11
Sprüche 12,11.24
Sprüche 22,29
Sprüche 26,13-16

b) Aber: Nur der Segen des Herrn macht reich!

„Der Segen des Herrn macht reich, und eigene Mühe fügt ihm nichts bei“ (Sprüche 10,22).

„Wo der Herr nicht das Haus baut, da arbeiten umsonst, die daran bauen“ (Psalm 127,1).

Psalm 90,17

Johannes 10,10

2. Korinther 8,9

Warnung vor Habsucht

„Sehet zu und hütet euch vor jeglicher Habsucht! Denn niemandes Leben hängt von dem Überfluß ab, den er an Gütern hat“ (Lukas 12,15).

„Denn das sollt ihr wissen, daß kein Unzüchtiger oder Unreiner oder Habsüchtiger (der ein Götzendiener ist) Erbteil hat im Reiche Christi und Gottes“ (Epheser 5,5).

„Wer nach Reichtum hastet, wird eifersüchtig und weiß nicht, daß Mangel über ihn kommen wird“ (Sprüche 28,22).

Psalm 62,11

Sprüche 11,28

Sprüche 20,21

Sprüche 23,4-5

Matthäus 13,22

1. Timotheus 6,9-10

Der Segen des Glaubensgehorsams

„Das Geschlecht der Redlichen wird gesegnet sein. Reichtum und Fülle ist in seinem Hause, und seine Gerechtigkeit besteht ewiglich“ (Psalm 112,2-3).

„Der Lohn der Demut und der Furcht des Herrn ist Reichtum, Ehre und Leben“ (Sprüche 22,4).

5. Mose 28

Psalm 1

Psalm 37,25-28

Jeremia 17,7-8

Der christliche Lebensstil: Zufrieden sein

„Ich habe gelernt, mit der Lage zufrieden zu sein, in welcher ich mich befinde. Ich verstehe mich so gut aufs Armsein wie aufs Reichsein; ich bin in allem und für alles geübt, sowohl satt zu sein, als zu hungern, sowohl Überfluß zu haben, als Mangel zu leiden. Ich vermag alles durch den, der mich stark macht“ (Philipper 4, 11-14).

„Der Wandel sei ohne Geiz! Begnüget euch mit dem Vorhandenen! Denn er selbst hat gesagt: ‚Ich werde dich niemals verlassen, noch weniger dich aufgeben!‘“ (Hebräer 13,5).

Sprüche 30,7-9
Lukas 3,14
2. Korinther 6,10
1. Timotheus 6,7-8

Keine Schulden machen

„Der Reiche herrscht über die Armen, und wer borgt, ist des Gläubigers Knecht“ (Sprüche 22,7).

„Seid niemand etwas schuldig …“ (Römer 13,8).

Psalm 37,21
Sprüche 3,28

Für die Familie sorgen und arbeiten

„Denn als wir bei euch waren, geboten wir euch dies: Wenn jemand nicht arbeiten will, soll er auch nicht essen. Wir hören nämlich, daß etliche von euch unordentlich wandeln und nicht arbeiten, sondern unnütze Dinge treiben. Solchen gebieten wir und ermahnen sie durch unseren Herrn Jesus Christus, daß sie mit stiller Arbeit ihr eigenes Brot verdienen“ (2. Thessalonicher 3,10-12).

„Wenn aber jemand die Seinen, allermeist seine Hausgenossen, nicht versorgt, der hat den Glauben verleugnet und ist ärger als ein Ungläubiger“ (1. Timotheus 5,8).

Epheser 4,28
1. Thessalonicher 4,11-12
1. Timotheus 5,4+16

Gaben für das „Vorratshaus Gottes": der Zehnte und die Opfer

Das „Vorratshaus Gottes" waren in Israel der Tempel und die Städte der Leviten. Heute meinen wir damit den Ort, an dem man geistliche Nahrung empfängt und Gott dient.

Grund für die Einsetzung des Zehnten und der Opfer ist, die Priesterschaft und das Werk Gottes zu unterstützen.

„Seit den Tagen eurer Väter seid ihr von meinen Geboten abgewichen und habt sie nicht befolgt. Kehret um zu mir, so will ich mich zu euch kehren, spricht der Herr der Heerscharen; aber ihr fragt: ‚Worin sollen wir umkehren?' Soll ein Mensch Gott berauben, wie ihr mich beraubt? Aber ihr fragt: ‚Wessen haben wir dich beraubt?' Der Zehnten und der Abgaben! Mit dem Fluch seid ihr belegt worden, denn mich habt ihr betrogen, ihr, das ganze Volk! Bringet aber den Zehnten ganz in das Kornhaus, auf daß Speise in meinem Hause sei, und prüfet mich doch dadurch, spricht der Herr der Heerscharen, ob ich euch nicht des Himmels Fenster auftun und euch Segen in überreicher Fülle herabschütten werde!" (Maleachi 3,7-10).
3. Mose 27,30
4. Mose 18,21.26
5. Mose 14,22
Lukas 11,42

Im Neuen Testament wird nicht nur vom „Zehnten" gesprochen, sondern davon, daß jeder gibt, soviel er kann, damit unter den Gläubigen ein Ausgleich stattfindet.

„An jedem ersten Wochentag lege ein jeder unter euch etwas beiseite und sammle, je nachdem es ihm wohlgeht; damit nicht erst dann, wenn ich komme, die Sammlungen gemacht werden müssen" (1. Korinther 16,2).

„Dieses sage ich aber nicht, damit andere Erleichterung haben, ihr aber Bedrängnis; sondern nach dem Grundsatz der Gleichheit soll in der jetzigen Zeit euer Überfluß dem Mangel jener abhelfen, auf daß auch ihr Überfluß eurem Mangel abhelfe, damit ein Ausgleich stattfinde, wie geschrieben steht: ‚Wer viel sammelte, hatte nicht Überfluß, und wer wenig sammelte, hatte nicht Mangel'" (2. Korinther 8,13-15).

Den Gläubigen geben

„Nehmet Anteil an den Nöten der Heiligen, befleißiget euch der Gastfreundschaft" (Römer 12,13).

„Wer aber den zeitlichen Lebensunterhalt hat und seinen Bruder darben sieht und sein Herz vor ihm zuschließt, wie bleibt die Liebe Gottes in ihm?" (1. Johannes 3,17).

„Wer im Wort unterrichtet wird, der gebe dem, der ihn unterrichtet, Anteil an allen Gütern" (Galater 6,6).

1. Korinther 9,9-11.14
Galater 6,9-10
Jakobus 2,14-17

Den Armen geben

„Wer den Schwachen unterdrückt, beschimpft seinen Schöpfer; wer ihn aber ehren will, erbarmt sich des Armen" (Sprüche 14,31).

„Wer sich des Armen erbarmt, der leiht dem Herrn; und er wird ihm seine Wohltat vergelten" (Sprüche 19,17).

„Gib dem, der dich bittet, und wende dich nicht ab von dem, der von dir borgen will" (Matthäus 5,42).

„Wer zwei Röcke hat, gebe dem, der keinen hat; und wer Speise hat, tue ebenso!" (Lukas 3,11).

Sprüche 11,24-25
Sprüche 21,13
Sprüche 22,9
Sprüche 28,27

Die richtige Haltung beim Geben

„Gebet, so wird euch gegeben werden; ein gutes, vollgedrücktes und überfließendes Maß wird man euch in den Schoß geben. Denn mit eben dem Maß, mit welchem ihr messet, wird euch wieder gemessen werden" (Lukas 6,38).
„Wer kärglich sät, der wird auch kärglich ernten; und wer im Segen sät, der wird auch im Segen ernten. Ein jeder, wie er es sich im Herzen vorgenommen hat; nicht mit Unwillen oder aus Zwang; denn einen fröhlichen Geber hat Gott lieb!" (2. Korinther 9,6-7).
Matthäus 6,1-4
Matthäus 6,19-21
Lukas 6,35
Lukas 12,33
2. Korinther 8,3-4

Diese Bibelverse werden Ihnen sicherlich einiges zu denken gegeben haben. Die Maßstäbe Gottes sind eine totale Umkehrung aller Maßstäbe, nach denen wir Menschen messen und vorgehen. Aber es lohnt sich, die Gebote Gottes zu befolgen. Wagen Sie den Test!

Die Unterminierung der Ehe durch politische Programme

Auf dem Weg zu einer neuen „Gesellschaft"?

Seit Beginn der 70er Jahre hat für die deutsche Familie eine düstere Epoche begonnen. Insbesondere unter der sozialliberalen Regierung sind eine Reihe von Gesetzen in Kraft getreten, deren Tragweite zu durchschauen dem Normalbürger mit den ihm zur Verfügung stehenden Informationen vielfach schwerfällt. Vordergründig sehen sie auch recht harmlos und familienfreundlich aus.

In diese Jahre fällt die Erleichterung der Ehescheidungen und die Liberalisierung des § 218, durch den die Abtreibung aus sozialen Gründen legalisiert wurde. Eine großzügige Freigabe von Pornographie wurde erreicht, und der Homosexuellenparagraph 175 so erweitert, daß lediglich Minderjährige vor homosexuellen Zugriffen geschützt werden. Es sind die Jahre des Kinderschwundes und der Flucht der Frau aus der Familie.

Im letzten Jahrzehnt haben auch die Eltern ihre Zustimmung zu einer schrittweisen Selbstentmachtung gegeben: 1974 wurde durch das Gesetz zur Neuregelung des Volljährigkeitsalters das Volljährigkeits- und Wahlalter von 21 Jahren auf 18 Jahre herabgesetzt. Die Vorlagen des Bildungsgesamtplanes von 1973 und des Zweiten Familienberichtes des Deutschen Bildungsrates zeigen die klare Tendenz eines totalitären Anspruchs an den Menschen. Die Ersetzung der ‚Elterlichen Gewalt' durch die ‚Elterliche Sorge', am 15.6.1979 von der Bundesregierung beschlossen, gibt uns schon einen kleinen Vorgeschmack dessen, was in der Luft liegt.

Dies sind die verabschiedeten und vorgesehenen Gesetzesänderungen. Damit haben wir lediglich die Spitze eines Eisbergs erkannt. Die Pläne, die noch unter der Oberfläche schwimmen, werden in den nächsten Jahren an die Öffentlichkeit kommen.

Da sind z.B. die Forderungen der Grünen; eine Partei, die einen rasanten Aufstieg vorweist und seit Frühjahr 1983 sogar im Bundestag vertreten ist. Sie beziehen nicht nur zum Umweltschutz Stellung, sondern auch zur Familienpolitik wollen sie etwas zu sagen haben. Es ist bisher wohl einmalig in der Geschichte der deutschen Nachkriegspolitik, daß eine im Bundestag vertretene Partei in ihren Programmen die „Abschaffung der Ehe als staatliche Institution" fordern kann. So liest man in dem Berliner Wahlprogramm der Grünen zu Neuwahlen am 10. Mai 1981: „Wir lehnen es ab, daß in der gesellschaftlichen Organisation und der gesamten Gesetzgebung noch immer das Leben in Ehe und Familie als ‚Normalfall' privilegiert wird."

Weiter wird in diesem Wahlprogramm gefordert: „Abschaffung der Ehe als staatliche Institution (Abschaffung von Artikel 6 des Grundgesetzes) und aller damit verbundenen Vorrechte von Verheirateten."

Auf der gleichen Seite geht es weiter: „Wir wenden uns gegen die Bestrafung von jeglichen sexuellen Beziehungen auf freiwilliger Basis und fordern eine entsprechende Reform des Sexualstrafrechts."

Eine Seite davor lesen wir: „Statt den Schülerinnen und Schülern die Ehe als einzig erwünschte Lebensform nahezubringen, ihnen die typisch männlich/weiblichen Geschlechterrollen als naturgegeben darzustellen und den Zweck der Sexualität auf Fortpflanzung zu beschränken, brauchen lesbische und schwule Schülerinnen und Schüler Unterstützung, um ihren Weg der Selbstverwirklichung zu finden."

Sie sehen also, was Sie noch erwartet. Ob es nun die Grünen sind oder die Neue Linke, die Friedensbewegung, die Emanzipationsbewegung oder der Feminismus – hinter diesen Bestrebungen der gesellschaftlichen Veränderung steht eine anti-christliche, endzeitliche Kulturrevolution.

Georg Huntemann beschreibt: „Diese Revolution hat ihre Doktrin, sie hat ihren Lebensstil, sie hat ihre eigene Sprache, sie hat – in der Politik, in Universitäten und Schulen – ihre Strategie, und sie hat ihre Funktionäre – kurzum, sie hat alles, was eine Revolution braucht. Sie hat vor allem – und damit sind wir als Christen angesprochen – ihre Stunde: die Stunde der leeren Kirchen, der zerfallenen Gemeinden, der Auflösung der Bekenntnisse! Dieser Revolution steht nichts entgegen!“ (35)

Ihre Strategien sind einmal eine umfassende Kollektivierung menschlicher Verhaltensweisen und ein schamlos lästernder Atheismus. Alle Gruppierungen innerhalb der Kulturrevolution lehnen die liberale Wohlstandsgesellschaft ab und erkennen die Heilslehren des Sozialismus an.

Einer ihrer größten Feinde ist die intakte Familie. „Je weniger Autorität bei der Familie, um so mehr Macht hat die Gesellschaft!“ Die Unterminierung der Moralvorstellungen, moderne Verhütungsmittel und die Reform des Abtreibungsparagraphen 218 haben die Geburtenzahlen schon so gesenkt – in Deutschland kommen auf eine Frau inzwischen ganze 1,35 Kinder –, daß über die Kleinfamilie der Weg in die kinderlose, stets austauschbare Partnerschaft schon geebnet ist. Hochschnellende Scheidungszahlen sind eine weitere Bestätigung des Siegeszuges der Kulturrevolution.

Scheidungsdrama – Kinderelend

Die Scheidungswelle rollt in der Bundesrepublik mit zunehmendem Tempo. Immer mehr Eheleute landen vor dem Familienrichter. Es wird ihnen im Vergleich zu früher auch wesentlich leichter gemacht, ohne große Auseinandersetzungen und Konflikte aus dem Ehebund zu schlüpfen. Man scheidet heute vornehmer, höflicher und schneller.

1977 kam die Wende mit dem „Gesetz zur Reform des Ehe- und Familienrechtes". Die SPD/FDP-Regierung war der Meinung, das Familienrecht müsse „an die veränderten, gesellschaftlichen Bedingungen unserer Zeit" angepaßt werden.

Das veränderte, gesellschaftliche Bewußtsein zeigte sich für sie in einer zunehmenden Ehemüdigkeit und größeren Scheidungsfreudigkeit – und dem mußte man eben Rechnung tragen. Kein Gedanke an unverrückbare, ethische Werte oder biblische Gebote. Diese Haltung nennt man „Situationsethik"; die Mehrheit bestimmt für die jeweilige Situation, was richtig und was falsch ist. Wie werden sich in fünf Jahren die gesellschaftlichen Bedingungen verändert haben für die nächste Reform des Ehe- und Familienrechts?

Was hat die Scheidungsreform Neues gebracht? Während man früher vom „Schuldprinzip" ausging, spricht man heute vom „Zerrüttungsprinzip". Beim alten Scheidungsrecht wurde auf Grund von schweren, schuldhaften Eheverfehlungen des Ehepartners geklagt. Lagen diese nicht vor, fiel es schwerer, sich scheiden zu lassen. In der Regel wurde dann vor dem Richter die Vergangenheit aufgerollt. Das konnte äußerst peinlich werden. Ehebruchssituationen, Demütigungen und Enttäuschungen wurden systematisch abgehandelt. Nachforschungen blieben nicht aus. Schließlich war die Klärung der Schuldzuweisung wichtig für die weitere Versorgung des geschiedenen Ehepartners wie auch für die Zusprechung des Sorgerechts für die Kinder.

Dieser Problematik wollte man mit dem neuen Eherecht ausweichen und führte das „Zerrüttungsprinzip" ein, bei dem der Richter nicht mehr nach Schuld fragt, sondern lediglich festzustellen hat, ob die Ehe gescheitert ist. Als Prüfungskriterium für das Scheitern einer Ehe gilt das „Trennungsprinzip“. Nach langer Trennungszeit wird vom Gericht das Scheitern der Ehe vermutet.

So lesen wir im neuen Ehe- und Familienrecht: „Die Ehegatten leben getrennt, wenn die häusliche Gemeinschaft nicht mehr besteht und die weitere eheliche Lebensgemeinschaft abgelehnt wird. Die abgelaufenen Trennungszeiten werden auch weiter berücksichtigt, wenn die Ehegatten zwischendurch als Versöhnungsversuch für kurze Zeit zusammengelebt haben.“ (36)

Auch das Unterhaltsrecht wurde neu formuliert: Während es früher so war, daß der schuldig Geschiedene nach der Scheidung ganz wesentliche Nachteile hinnehmen mußte, gilt jetzt: Wer nach der Scheidung nicht selbst für seinen Unterhalt sorgen kann, hat Anspruch auf Unterhalt durch den anderen Ehegatten.

Inzwischen hat sich gezeigt, daß das neue Scheidungsrecht insbesondere hinsichtlich der Versorgungsklausel große Mängel aufweist. „Der wirtschaftlich stärkere Teil wird, wie die Familienrichter kürzlich in Brühl feststellten, zum finanziellen Krüppel auf Lebenszeit. Meist ist es der geschiedene Ehemann. Er muß nicht nur Riesensummen für die Altersversorgung der Frau einzahlen, sondern auch für deren Unterhalt sorgen, selbst wenn sie bei einem neuen Partner ein warmes Nest gefunden hat“ (Braunschweiger Zeitung 23.11.83).

Zweifellos muß man eingestehen: das alte Eherecht beinhaltete Härten und Ungerechtigkeiten – wie es immer schmerzhaft ist, wenn man die Gebote Gottes mißachtet und ersetzen will. Aber durch das neue Eherecht, das die Strafbarkeit des Ehebruchs ersatzlos gestrichen hat, wird die Ehe zur jederzeit kündbaren Rechtsgemeinschaft degradiert.

Nach K. Knoll scheint das Leitbild des neuen Gesetzes „eine Ehe zu sein, in der beide Partner berufstätig sind, und in der Kinder eigentlich keinen richtigen Platz mehr haben. Dem neuen Eherecht mangelt jeder verpflichtende sittliche Gehalt ..." (37)

Das Gesetz verleitet dazu, bei auftauchenden Schwierigkeiten einfach davonzulaufen. Mit gegenseitigem Einverständnis harrt man ein Jahr getrennt voneinander aus, um dann nach einem kurzen Gang vor den Familienrichter wieder in die „Arena der Liebe" zu stürzen.

An „Durchhalten" und gemeinsame Lösungssuche wird nicht mehr gedacht. Deswegen verwundert es auch nicht, daß die häufigsten Scheidungen im dritten und vierten Ehejahr zu verzeichnen sind. Trennung scheint einfacher zu sein als Versöhnung und gemeinsamer Neuanfang.

Durch die Verlockungen der neuen Versorgungsregelung brechen auch mehr Frauen als früher aus der Ehe aus und stellen sich auf eigene Füße. „Früher war es meist männliches Fehlverhalten, das die Ehe scheitern ließ, heute sind es fast im gleichen Maße auch die Frauen, die aus der Ehe ausbrechen und eine neue Partnerschaft eingehen" (Braunschweiger Zeitung 23.11.83).

Als Folge dieses „Scheidungserleichterungsgesetzes" schnellten die Scheidungszahlen nach einer anfänglichen Zögerungsphase in den Jahren 1977/78 hoch – man wollte ja schließlich kein Versuchskaninchen der Reform sein. 1981 wurden ca. 359.000 Eheschließungen registriert, aber auch 110.000 Ehen geschieden. Seit Einführung des neuen Scheidungsrechts stieg die Zahl der Scheidungen um 20%. Unter dem Strich wurde nahezu jede dritte Ehe geschieden. Seitdem sind schon wieder einige Jahre vergangen. Familienrichter stöhnen: Die Scheidungslawine rollt unaufhörlich.

Die „Welt am Sonntag" vom 13.5.84 schreibt: „Im Jahre 1982 – dem letzten, das die Statistiker schon vollständig erfaßt haben – wurde ein neuer Scheidungsrekord aufgestellt. 118.483 Ehen wurden getrennt. Und die Tendenz setzt sich fort: Allein in Baden-Württemberg stieg die Zahl der Ehescheidungen 1983 noch einmal um 6,1 Prozent. Die Psychologen Fuchs, Gaspari und Millendorfer haben in einer Untersuchung diesen Trend hochgerechnet: Bis zum Ende dieses Jahrhunderts werden 85 Prozent aller Ehen mit der Scheidung enden."

Bei diesen Zukunftsaussichten ist es nicht verwunderlich, daß wir bereits eine Million „Ehen ohne Trauschein" verzeichnen können. Aber das ist keine Lösung. Das Dilemma besteht doch darin, daß offensichtlich immer mehr Menschen unfähig sind, eine lebenslange Gemeinschaft einzugehen und durchzuhalten.

„Die Liebe ist in vielen erkaltet!" Sie sind auf Selbstverwirklichung und momentanen Lustgewinn aus. Treue, Verantwortung und Verzicht zählen nicht mehr. Man stellt sich unwillkürlich die Frage, wie der Lebensabend dieser Menschen aussehen mag. Was kommt da für eine Generation von vereinsamten und seelisch verarmten Senioren auf uns zu!

Christa Meves, die sich als „einsame Mahnerin" angesichts der horrenden Probleme der heutigen Zeit sieht, meint: „Die neurotische Depression ist in Ost und West eine Volkskrankheit geworden." Der Leiter der psychosomatischen Abteilung der Klinik Hohemark, Dr. Schleier, vertritt die Ansicht, die starke Zunahme psychischer Erkrankungen, und insbesondere der Depressionen, hingen mit einem Mangel an Geborgenheit, Überschaubarkeit und Tradition zusammen: „Immer dann, wenn sich der Mensch verloren vorkomme, sei er krankheitsanfällig." (38)

Machen wir uns nichts vor: In dieser lärmenden und neonglitzernden Welt sucht letztlich jeder nach Geborgenheit, Achtung und Verständnis, weil Gott es so in die Wesensart des Menschen hineingelegt hat. Er schuf sie als „Mann und Frau" und sagte: „Es ist nicht gut, daß der Mensch allein sei."

Nun, wenn der Mensch am falschen Ende sucht und seine egoistischen Wünsche und Befriedigungen an die erste Stelle setzt, wird er niemals finden, was er sucht. Wir müssen erkennen, „daß wir nicht einfach machen dürfen, was wir wollen, daß wir unser Leben nicht als selbstgefälliges Abschneiden von einem großen Kuchen auffassen dürfen, der uns allen zur Verfügung steht." (39)

Vor jeder Scheidung spielt sich eine oftmals jahrelange Tragödie ab, die sowohl die Ehepartner wie auch ihre Kinder betreffen. Ein noch so elegantes Scheidungsrecht kann darüber nicht hinwegtäuschen!

Untersuchungen haben ergeben, daß „Personen, die in der Kindheit den Ausfall von Personen aus dem Familienverband erlebt haben, später eher solche Personen als Partner wählen, von denen sie wieder verlassen werden oder die sie leicht verlassen können." (40) Die Zukunftsaussichten für Kinder aus geschiedenen Ehen sind also denkbar schlecht. Hier hat sich eine Lawine des Leidens in Bewegung gesetzt.

Auch wenn man sich vom Sorgerecht her bemüht, den betroffenen Kindern „gerecht" zu helfen, ist deren innerer Leidensweg unbeschreibbar. Können wir uns ausmalen, was es bedeutet, jahrelang Streitereien, Vorwürfe und Sich-Meiden der Eltern mitzuerleben? Dann das offene Reden und Drohen von Scheidung vor den Augen der Kinder, die doch schließlich beide lieben und nun gezwungen werden, Partei zu ergreifen. Diese Kinder sind besonders gefährdet, psychisch zu erkranken. Sie stehen ganz oben auf der Liste der Kinderselbstmordkandidaten. Der Weg zu einem neuen Heim, wo ein Kind wieder Harmonie und innere Geborgenheit in seiner Betreuung erfährt, ist lang. Oftmals wird das Ziel nie erreicht. Der Schaden bleibt haften, bis es die Fehler seiner Eltern selbst wiederholt.

Mit der Scheidung ist ja der Spannungszustand für das Kind noch lange nicht beendet. Da war zunächst der

Wettlauf um die Gunst des Kindes bei der Frage des Sorgerechts, denn hier können immerhin handfeste Vorteile errungen werden. Dann kommt der Leidensweg der gerichtlich vereinbarten Besuchsregelung. Dadurch wird das Kind manchmal zum Boten gegenseitiger Haß- und Rachegefühle, oder es wird durch materielle Verwöhnungen gegen den anderen Ehepartner ausgespielt.

Nicht selten muß der Elternteil, bei dem das Kind verbleibt, zum Lebensunterhalt eine Berufstätigkeit aufnehmen. In der Praxis verliert das Kind nicht nur ein Elternteil, sondern zwei. Es muß den Tag außerhalb der gewohnten Umgebung in Fremdbetreuung verbringen und ist dann in der Regel mit einer überarbeiteten, frustrierten Mutter bzw. mit einem gestreßten Vater zusammen.

Heiratet der Elternteil wieder (in ca. 70 – 80% aller Scheidungen), dann sind es oft Partner, die beide bereits eine Ehe hinter sich haben. Beide Teile bringen eigene Kinder mit in die neue Ehe. Wieder eine Bewährungsprobe, die wie ein drohendes Damoklesschwert über dem häuslichen Frieden hängt.

Wir sehen: Durchbricht der Mensch leichtfertig die Gebote Gottes, dann gerät er in einen Teufelskreis, dessen zerstörerisches Ende nicht abzusehen ist. „Denn ich, der Herr, dein Gott, bin ein eifriger Gott, welcher heimsucht der Väter Missetat an den Kindern bis in das dritte und vierte Glied derer, die mich hassen, und tue Barmherzigkeit an vielen Tausenden, die mich lieben und meine Gebote halten“ (5. Mose 5,9-10).

Der Feind ist unermüdlich darauf aus, die Familie, die Keimzelle der menschlichen Gemeinschaft, zu unterminieren. Unsere Gesetzgebung macht es jedem leicht, vor Schwierigkeiten davonzulaufen und sich gegenseitig aus dem Weg zu gehen, statt zu dem Trauversprechen zu stehen und „Freud und Leid“ miteinander zu teilen. Wir müssen uns jedoch eins vor Augen malen: „Gott haßt die Ehescheidung!“ (Maleachi 2,16).

Es ist erschreckend, wie selbst unter Christen, dem Trend unserer Zeit folgend, bei Schwierigkeiten zu schnell an Scheidung gedacht wird. Nicht selten wird dieser Gedanke dann in die Tat umgesetzt. Dieses Wort: „Gott haßt Ehescheidung!“ kann unter Christen nicht oft genug zitiert werden.

Wenn Schwierigkeiten in Ihrer Ehe auftauchen, geben Sie niemals dem verführerischen Gedanken der Ehescheidung Raum. Sobald sich dieser Gedanke festgesetzt hat, lähmt er Sie, an der Lösung Ihrer Probleme zu arbeiten, und verlockt Sie, den Schwierigkeiten davonzulaufen. Es ist eine Lüge Satans, auf diese Art Probleme lösen und einfach ein neues Leben mit jemand anderem beginnen zu können.

Ed Wheat, ein amerikanischer Eheberater, sagt: „Wenn Sie versuchen wollen, lebendige Liebe in Ihre Ehe zu bringen, oder wenn Sie an Problemen in Ihrer Ehe arbeiten, dann wird selbst der geringste Gedanke an Scheidung Ihre Bemühungen negativ beeinflussen. Wenn Scheidung noch einen Platz in Ihrem Denken hat, wird das Ihren Versuchen, die Sie sonst mit voller Kraft für Ihre Ehe starten würden, im Wege stehen. Ihre Bemühungen um eine Verbesserung Ihrer Ehe werden untergraben werden, und die unglückliche Situation kann unendlich lange fortdauern. Der Gedanke an Scheidung als rettende Hintertür zeigt eine schwache Stelle in Ihrem gegenseitigen bindenden Versprechen an; selbst ein kleiner Riß kann durch zerstörerische Einflüsse zu einem tödlichen Loch werden.“ (41)

Fassen Sie jetzt den Entschluß: Ich will meinem Ehepartner die Treue halten und Problemen nicht ausweichen, sondern sie gemeinsam mit ihm lösen. Niemals werde ich den Gedanken an Scheidung zulassen!

Ihr persönliches Bibelstudium: Ehescheidung und Wiederheirat im Lichte der Bibel

Die Bibel schweigt sich zu dem Thema Ehescheidung und Wiederheirat nicht aus. Schon zu biblischen Zeiten war es ein notvolles Thema. Gott hat die Ehescheidung zwar nicht beabsichtigt – er haßt Ehescheidung –, aber wegen der Herzenshärtigkeit der Menschen hat er durch Mose Regeln erlassen, damit sich die Menschen nicht noch Schlimmeres zufügen sollten.

Auch heute ist das Thema Scheidung und Wiederheirat brandaktuell. Unser neues Scheidungsrecht hat die Ehe ja zu einem nahezu jederzeit aufkündbaren Rechtsverhältnis degradiert. Viele Christen haben eine zu laxe Einstellung zur ehelichen Treue. Wir müssen uns vor Augen halten, wie ernst Gott dieses Thema nimmt, und wieder die „Furcht des Herrn" lernen.

Immer mehr Menschen, die sich zu Jesus bekehren und in unsere Gemeinden kommen, haben Nöte in ihren Ehen. Manche sind mit ungläubigen Partnern verheiratet, andere haben eine oder sogar mehrere Scheidungen hinter sich. Viele haben ein Leben voller Unzucht und Ehebruch geführt. Diese Christen wollen wissen, woran sie sind. „Muß ich nun allein bleiben? Habe ich etwa meinen geschiedenen Partner wieder zu heiraten? Darf ich eine neue Ehe eingehen?" Sie suchen Antworten aus der Bibel, wonach sie ihr Leben ausrichten können. Unser Urteil ist deshalb lebensentscheidend für sie.

Und welche Antworten bekommen diese Suchenden oft! Die einen sagen: „Wenn Sie verheiratet sind, dürfen Sie sich niemals scheiden lassen." Die anderen: „Scheidung ist zwar möglich, aber Wiederheirat nicht." Doch die richtige Antwort lautet: „Scheidung und Wiederheirat sind für Christen in gewissen Situationen möglich, wenn sie aus Gründen, die die Bibel gestattet, auseinander gegangen sind." Was sind diese „biblischen Gründe"?

Quer durch die Konfessionen gibt es die unterschiedlichsten Positionen – und alle berufen sich auf die Bibel. Wir dürfen aber davon ausgehen, daß die Bibel eindeutige Aussagen zu diesem Thema macht, auch wenn es immer schwierig war und ist, sie herauszuarbeiten. Widersprüchliche Auslegungen kommen dann zustande, wenn man von falschen Interpretationsregeln ausgeht.

Gerade beim Thema Ehescheidung müssen wir diese Regeln sorgsam beachten. Wir dürfen keine Bibelstelle isoliert nehmen, sondern müssen alle Aussagen der Bibel gemeinsam betrachten. Viele Bibelverse versteht man erst mit Hilfe anderer aus dem Textzusammenhang heraus (Regel über den Textzusammenhang).

Die einzelnen Aussagen widersprechen sich nicht, sie ergänzen sich. Alle Schriftstellen zu diesem Thema harmonisieren miteinander (Harmoniegesetz).

Die Bibel wurde zuerst für die Juden geschrieben. Jesus war Jude, sprach zu Juden und wurde von ihnen verstanden. Bei der Interpretation müssen wir jüdisches Denken und jüdische gesellschaftliche Gepflogenheiten berücksichtigen (Regel über den historischen Hintergrund).

Anhand dieser Interpretationsregeln möchte ich Sie nun zu einem persönlichen Bibelstudium zum Thema Ehescheidung und Wiederheirat für Christen anleiten.

Beginnen wir mit einem Text aus dem Neuen Testament, der unserem heutigen kirchlichen Gemeindeleben am nächsten steht:

1. Korinther 7,10-16:

„Den Verheirateten gebiete nicht ich, sondern der Herr, daß eine Frau sich nicht scheide von dem Manne; wenn sie aber schon geschieden ist, so bleibe sie unverheiratet oder versöhne sich mit dem Manne. Der Mann soll aber die Frau nicht verstoßen.

Den übrigen sage aber ich, nicht der Herr: Wenn der Bruder eine ungläubige Frau hat, und diese ist einverstanden, bei ihm zu wohnen, so soll er sie nicht verstoßen; und wenn eine Frau einen ungläubigen Mann hat, und dieser ist einverstanden, bei ihr zu wohnen, so soll sie den Mann nicht verlassen. Denn der ungläubige Mann ist geheiligt durch die Frau, und die ungläubige Frau ist geheiligt durch den Bruder; sonst wären eure Kinder unrein, nun aber sind sie heilig.

Will sich aber der ungläubige Teil scheiden, so scheide er! Der Bruder oder die Schwester ist in solchen Fällen nicht gebunden. In Frieden aber hat uns Gott berufen. Denn was weißt du, Frau, ob du den Mann retten kannst? Oder was weißt du, Mann, ob du die Frau retten kannst?"

Als erstes wird Ihnen aufgefallen sein, daß Paulus zwei verschiedene Gruppen in der Gemeinde anspricht. In den Versen 10-11 werden die Ehepaare angesprochen, die beide Christen sind. Die Verse 12-16 richten sich an die „übrigen" Ehepaare in der Gemeinde, in denen der eine Ehepartner gläubig geworden und der andere (noch) ungläubig ist.

Gott nennt für die zwei Gruppen verschiedene Gebote. Zwei Christen in einer Ehe können mit Jesu Hilfe lernen, Frieden zu halten. Mit einem ungläubigen Ehepartner ist dies nicht immer möglich, auch wenn man sich alle Mühe gibt. Zur ersten Gruppe sagt Paulus: „... nicht ich gebiete, sondern der Herr ..." Zur zweiten Gruppe: „Den übrigen aber sage ich, nicht der Herr."

Diese Formulierung des Paulus kann zu dem Mißverständnis führen, die erste Aussage sei inspiriert und die zweite lediglich des Paulus' persönliche, menschliche Meinung. Diese Fehlinterpretation müssen wir von uns weisen: „Die ganze Schrift ist von Gottes Geist eingegeben ..." (2. Timotheus 3,16). So sind auch beide Aussagen vom Heiligen Geist inspiriert.

Paulus meint vielmehr mit den Versen 10-11: „Zunächst wiederhole ich die Prinzipien, wie sie Jesus, der

Herr, gelehrt hat, als er auf der Erde war. ‚Nicht ich, sondern der Herr gebietet …'" In bezug auf die Verse 12-16 sagt er: „Und jetzt werde ich eine Frage anschneiden, zu der Jesus nicht Stellung genommen hat, als er unter uns lebte." Durch Evangelisation und Gemeindegründung war nämlich eine neue Situation aufgebrochen, die von Gott her eine Antwort erforderte und bis dahin nicht angeschnitten worden war. Was machen wir mit den Mischehen, in denen einer gläubig geworden ist und der andere nicht? Auf beide Situationen gibt Paulus, inspiriert durch Gottes Geist, Antwort.

Scheidung bei gläubigen Ehepartnern

Den Ehepaaren, die beide gläubig sind, sagt Paulus: „Gläubige dürfen sich nicht scheiden lassen". (So sagte Jesus schon in Markus 10,2-12 und Lukas 16,18.) In Matthäus 5,32 und 19,3-10 nennt er die einzige Ausnahmeklausel: Unzucht!). Paulus sieht diese Anweisung nicht als Vorschlag, sondern als Gebot („*gebiete* nicht ich, sondern der Herr"). Er erwähnt allerdings auch, daß Ungehorsam vorgekommen sein kann und zwei Christen sich scheiden ließen. Wenn dies bereits geschehen ist, sollen sie unverheiratet bleiben, damit sie es bereuen und sich versöhnen können. Die Ehe mit einem anderen würde die Versöhnung ausschließen.

Scheidung einer Ehe zwischen einem gläubigen und einem ungläubigen Partner

Zur Ehe eines Gläubigen mit einem Ungläubigen sagt Paulus: „Der Gläubige soll sich von dem Ungläubigen nicht scheiden, wenn der andere bei ihm bleiben will. Er soll sogar alles tun, um die Ehe zusammenzuhalten, damit der Ungläubige dadurch zum Glauben kommen kann. Wenn der Ungläubige absolut nicht will, soll der Gläubige einer Scheidung nicht im Wege stehen."

Vers 15 macht deutlich, daß danach alle Bindungen der

Ehe aufgelöst sind. Scheidung ist eine totale Trennung. Der Gläubige ist eine freie Person, ohne die Verpflichtung, die Ehe wiederherzustellen. Gott möchte Frieden, das heißt klare Verhältnisse, entweder durch Versöhnung oder Scheidung.

Jesus und die Schriftgelehrten

Matthäus 19,3-10:

„Da traten die Pharisäer zu ihm, versuchten ihn und sprachen: Ist es erlaubt, aus irgendeinem Grunde seine Frau zu entlassen? Er aber antwortete und sprach zu ihnen: Habt ihr nicht gelesen, daß der Schöpfer die Menschen am Anfang als Mann und Weib erschuf und sprach: Darum wird ein Mensch Vater und Mutter verlassen und seinem Weibe anhangen; und die zwei werden ein Fleisch sein? So sind sie nun nicht mehr zwei, sondern ein Fleisch. Was nun Gott zusammengefügt hat, das soll der Mensch nicht scheiden.

Da sprachen sie zu ihm: Warum hat denn Mose befohlen, ihr einen Scheidebrief zu geben und sie so zu entlassen? Er sprach zu ihnen: Mose hat euch wegen der Härtigkeit eures Herzens erlaubt, eure Frauen zu entlassen; von Anfang an aber ist es nicht so gewesen.

Ich sage euch aber, wer eine Frau entläßt, es sei denn wegen Unzucht, und eine andere heiratet, der bricht die Ehe; und wer eine Geschiedene heiratet, der bricht die Ehe.

Seine Jünger sprachen zu ihm: Hat ein Mensch solche Pflichten gegen seine Frau, so ist es nicht gut, zur Ehe zu schreiten!“

Schauen wir uns zunächst Vers 9 an, der die einzige Ausnahmeregel für eine Scheidung nennt: Unzucht!

Unter Unzucht versteht die Bibel alle möglichen Arten sexueller Verirrung: Inzest, Sodomie, Homosexualität, Lesbismus und auch Ehebruch und vorehelichen Geschlechtsverkehr (s. 3. Mose 20,9-17). „Sich auseinandergelebt zu haben" oder „nicht mehr miteinander klarkommen" ist für Christen kein Scheidungsgrund. Diesen Gläubigen gebietet die Schrift, sich mit der Hilfe Jesu zu versöhnen. Wenn sie meinen, das sei nicht möglich, sollen sie unverheiratet bleiben.

Die Frage der Schriftgelehrten an Jesus: „Ist es erlaubt, seine Frau aus irgendeinem Grund zu entlassen?" spiegelt den Streit der theologischen Schulen zur Zeit Jesu wieder. Da gab es diejenigen, die sich um Hillel scharten. Er vertrat die Meinung, die Frau aus irgendeinem Grunde entlassen zu können – sei es, weil sie nicht richtig kochen konnte oder aufgrund anderer nichtiger Anlässe. Dem gegenüber stand Schammai, der nur Unzucht als Scheidungsgrund gelten ließ.

Als Jesus zurückfragt: „Was hat euch Mose geboten?" (s. Markus 10,2-12), antworten die Schriftgelehrten mit 5. Mose 24,1-4: „Mose hat geboten, einen Scheidebrief zu schreiben." Jesus dagegen verweist auf 1. Mose 2,24: „Ein Mensch wird Vater und Mutter verlassen und seinem Weibe anhangen; und die zwei werden ein Fleisch sein." So war es von Anfang an beabsichtigt! Ehescheidung ist nicht von Gott gewollt. Es ist eine menschliche Einrichtung. Gott haßt Ehescheidung (Maleachi 2,14-16). Aber aufgrund der Herzenshärtigkeit – um noch Schlimmeres zu vermeiden – wurde sie von Mose für gewisse Härtefälle erlaubt.

Von diesem Hintergrund aus müssen wir den Text aus 5. Mose 24,1-4 verstehen:

> „Wenn jemand ein Weib nimmt und sie ehelicht, und sie findet nicht Gnade vor seinen Augen, weil er etwas Schändliches an ihr gefunden hat, daß er ihr einen Scheidebrief schreibt und ihr denselbigen in die Hand gibt und sie aus seinem Haus entläßt. Wenn sie dann sein Haus verlassen hat und hingegangen und eines anderen Weib geworden ist, und derselbe andere Mann ihr auch gram wird, daß er einen Scheidebrief schreibt

und ihr denselben in die Hand gibt und sie aus seinem Haus entläßt; oder wenn der andere Mann stirbt, der sie sich zum Weibe genommen hat – so kann ihr erster Mann, der sie entlassen hat, sie nicht wieder nehmen, daß sie alsdann sein Weib sei, nachdem sie verunreinigt worden ist."

Bei diesem Text finden wir in den verschiedenen Bibeln Übersetzungsschwankungen in den ersten Versen. Manche Übersetzungen formulieren es so: „Wenn jemand ein Weib nimmt und sie ehelicht, und sie findet nicht Gnade vor seinen Augen, weil er etwas Schändliches an ihr gefunden hat, *so soll* er ihr einen Scheidebrief schreiben und ihr denselben in die Hand geben und sie aus seinem Haus entlassen."

Die Befehlsform *„so soll er"* ist vom Urtext her falsch und kann zu schwerwiegenden Fehlinterpretationen führen. Mose hat keinen Befehl gegeben, sich scheiden zu lassen. Der Text ist kein Gebot zur Scheidung. Mose spricht lediglich von einer falschen Scheidungspraxis – nämlich seine Frau zu entlassen, weil sie irgend etwas „Schändliches" an sich hat, und nicht etwa aufgrund von Unzucht. Mose will sagen: „Denk lieber zweimal nach, bevor du deine Frau einfach so entläßt. Denn wenn du deine Partnerin nicht wiedergewinnst, bevor sie einen anderen geheiratet hat, dann hast du sie für immer verloren." Es war nicht recht, daß die erste Ehe geschieden wurde, deswegen ist die zweite Ehe Ehebruch, und deswegen ist die Frau verunreinigt worden. Darum kann sie ihren ersten Mann nicht wieder heiraten.

Das göttliche Urteil zu dem Streit unter den Schriftgelehrten erlaubt nur eine einzige Möglichkeit für den Scheidebrief: Unzucht. Selbst die Jünger Jesu reagieren überrascht. Das zeigt, wie sehr eine unbiblische Scheidungspraxis wohl üblich war. Sie antworten betroffen: „Hat ein Mensch solche Pflichten gegen seine Frau, so ist es nicht gut, zur Ehe zu schreiten!" (Matthäus 19,10).

Wiederheirat

Nachdem wir die Möglichkeiten einer Scheidung unter Christen geklärt haben, müssen wir noch das Thema Wiederheirat erwähnen. Auch dazu schweigt die Bibel nicht.

Wiederheirat nach dem Tod des Ehepartners

Wiederheirat ist möglich nach dem Tod eines Ehepartners.

> 1. Korinther 7,39:
> „Eine Frau ist gebunden, solange ihr Mann lebt; wenn aber ihr Mann entschlafen ist, so ist sie frei, sich zu verheiraten, mit wem sie will; nur daß es im Herrn geschehe" (s. auch Römer 7,3b).

Bei einigen empfiehlt Paulus die Wiederheirat nahezu im Befehlston:

> 1. Timotheus 5,14:
> „So will ich nun, daß jüngere Witwen heiraten, Kinder gebären, dem Haushalt vorstehen, dem Widersacher keinen Anlaß zur Lästerung geben" (s. auch 1. Korinther 7,8-9).

Wiederheirat nach Scheidung

Die Bibel erlaubt auch die Wiederheirat solcher Geschiedener, die auf biblischer Grundlage, das heißt wegen Unzucht eines Ehepartners, geschieden sind.

Der Satzteil: „Es sei denn wegen Unzucht" in Vers 9 von Matthäus 19, der im deutschen Text am Anfang des Satzes steht, kann vom Verständnis des griechischen Urtextes her an jeder Stelle des Satzes stehen, wie z.B.: „Wer seine Frau entläßt und eine andere heiratet, der bricht die Ehe; und wer eine Geschiedene heiratet, der bricht die Ehe, es sei denn wegen Unzucht." Man sollte die beiden Satzgedanken nicht voneinander trennen. Die Ausnahmeregelung scheint sich sowohl auf Scheidung als auch auf Wiederheirat zu beziehen.

Demnach könnten Personen, die auf biblisch erlaubter Grundlage geschieden sind, wieder heiraten. Wiederholen wir: Wiederheirat wäre also möglich für Christen, die von ihrem gläubigen Partner aufgrund von dessen Verharren in Unzucht geschieden oder aufgrund der Scheidung ihres ungläubigen Partners wieder frei sind.

So erwähnt die „Encyclopedia of Bible Difficulties" (G. Archer im Zondervan-Verlag) zur Auslegung der Stelle in Matthäus 19 „... und der unschuldige Partner ist dann frei, wieder zu heiraten."

Sie mögen die Frage stellen: Warum spricht Jesus nicht direkt von Wiederheirat und lesen wir auch sonst wenig darüber in der Bibel? Darauf gibt es eine einfache Antwort: Jesus wurde nicht danach gefragt, weil es für die Juden gar keine Frage war. Berücksichtigen wir die historische Situation, so war es für die Juden der damaligen Zeit klar: Jeder, der sich aufgrund der Regelung des Gesetzes scheiden ließ, konnte wieder heiraten. Im hebräischen wie im griechischen Wortlaut des Scheidebriefes lesen wir, daß der Geschiedene frei war, einen neuen Ehepartner zu heiraten.

Einige Bibelausleger nennen zu diesem Thema die Bibelstelle aus 1. Korinther 7,27-28: „Bist du an eine Frau gebunden, so suche keine Lösung; bist du los von der Frau, so suche keine Frau. Wenn du aber auch heiratest, so sündigest du nicht." Sie sagen, daß der Begriff „bist du los von einer Frau" (im griechischen Text steht das Wort „lösen") von einer biblisch begründeten Scheidung spricht, nämlich wegen Unzucht eines Ehepartners. In diesem Fall ist die Wiederheirat möglich.

Christen mit einer ausschweifenden Vergangenheit

Manche Neubekehrte haben alle möglichen Arten von sexuellen Vergehen hinter sich. Da ist zum Beispiel eine ehemalige Prostituierte, die wiedergeboren wird und einen gläubigen Mann kennenlernt. Da ist ein Mann, der sich vor seiner Bekehrung zweimal scheiden ließ, ohne triftigen Grund, einfach weil sich die Ehepartner nichts mehr zu sagen hatten. Und so gab es noch viele ähnlich traurige Situationen.

Diese neuen Christen suchen eine Antwort. Müssen sie allein bleiben? Dürfen sie wieder heiraten? Was sollen sie tun? Ich meine, der Text aus 1. Korinther 6,9-11 kann bei dieser Frage weiterhelfen:

> „Wisset ihr denn nicht, daß Ungerechte das Reich Gottes nicht ererben werden? Irret euch nicht: weder Unzüchtige noch Götzendiener, weder Ehebrecher noch Weichlinge, noch Knabenschänder, weder Diebe noch Habsüchtige, noch Trunkenbolde, noch Lästerer, noch Räuber werden das Reich Gottes ererben. Und solche sind etliche von euch gewesen; aber ihr seid abgewaschen, ihr seid geheiligt, ihr seid gerechtfertigt worden in dem Namen unseres Herrn Jesus Christus und in dem Geist unseres Gottes!“

Räuber, Lästerer, Trunkenbolde, Habsüchtige, Diebe, Homosexuelle und Weichlinge werden in einem Atemzug genannt mit Ehebrechern und Unzüchtigen. Von allen wird gesagt, sie seien abgewaschen, geheiligt und gerechtfertigt. Wenn Gott Weichlingen, Habsüchtigen und Räubern vergibt und einen Neuanfang gibt, dann auch Unzüchtigen und Ehebrechern. Christus ist größer als alle Sünde.*

Wenn Sie die Frage stellen: „Ist die Ehe für frühere Ehebrecher und ‚Falsch-Geschiedene‘ verboten?“, müssen Sie weiter fragen: „Ist Ehe für frühere Mörder, Habsüchtige und Homosexuelle verboten?“

In Christus sind alle reingewaschen und gerechtfertigt! Damit verniedliche ich Unzucht und Ehebruch genauso-

---

* Das heißt nicht, daß die Folgen eines sündhaften Lebens nicht getragen werden müssen. Der Lügner muß vielleicht die Folgen seiner Lüge ebenso durchstehen, wie der Dieb gestohlene Dinge zurückgeben und der Unzüchtige bereitwillig „Alimente“ zahlen wird.

wenig wie Alkoholismus und Raub. Alles sind greuliche Sünden. Aber wenn wir es ehrlich meinen, gibt Gott einen Neuanfang!

Nach Buße und angestrebter Versöhnung und Wiedergutmachtung ist Wiederheirat erlaubt, auch bei einer ausschweifenden Vergangenheit!

Ihre Fragen zur Ehescheidung und Wiederheirat unter Christen können wir jetzt mit diesen zusammenfassenden 9 Thesen beantworten:

a) Scheidung

1. Ehescheidung war nicht von Gott beabsichtigt und eingesetzt (1. Mose 2,18.24; Maleachi 2,14-16).
2. Sie wurde später von Mose erlaubt und geregelt, um Schlimmeres zu verhindern (5. Mose 24,1-4; Matthäus 19,8).
3. Scheidung bedeutet den totalen Abbruch der ehelichen Beziehung.
4. Wenn beide Partner Christen sind, gibt es nur einen Grund zur Ehescheidung: Unzucht! Aber Buße und Versöhnung ist immer das erste Ziel (Matthäus 19,9).
5. Haben sich zwei gläubige Ehepartner geschieden, müssen sie unverheiratet bleiben oder sich wieder versöhnen (1. Korinther 7,10-11).
6. Ist ein Christ mit einem Nichtchristen verheiratet, soll der Christ alles tun, um die Ehe aufrechtzuerhalten. Will das der ungläubige Teil absolut nicht, soll der Gläubige in eine Scheidung einwilligen (1. Korinther 7,12-16).

b) Wiederheirat

7. Wiederheirat *nach dem Tod* eines Ehepartners wird in der Bibel nicht nur erlaubt, sondern in einzelnen Fällen sogar dazu ermutigt und befohlen (Römer 7,3b; 1. Korinther 7,8-9.39; 1. Timotheus 5,14).

8. Im Falle einer Scheidung, die von der Bibel zugelassen wird, ist Wiederheirat möglich. Alle Personen, die auf biblischer Grundlage (wegen Unzucht) geschieden sind, können wieder heiraten. Auflage: „Nur daß es im Herrn geschehe!“ (1. Korinther 7, 39).
9. Wer *vor seiner Bekehrung* in Unzucht und/oder Ehebruch gelebt hat und Buße getan, Vergebung und Wiedergutmachung angestrebt hat, dem ist Wiederheirat erlaubt. Gott hat ihn reingewaschen! (1. Korinther 6,9-11).

Da es im deutschsprachigen Raum wenig fundierte Literatur zu diesem Thema gibt, habe ich dieses Kapitel ausführlicher behandelt. Im wesentlichen habe ich mich dabei an die englischsprachigen Ausführungen von Jay E. Adams (42) und Guy Duty (43) gehalten.

Der legalisierte Mord im Mutterleib – die Wegwerfware „Kind“

Manche erinnern sich vielleicht noch an die erregten Diskussionen im Bundestag und die aggressiven Demonstrationen militanter Frauen mit Spruchbändern wie: „Mein Bauch gehört mir“, bevor die Bundesregierung die Reform des § 218 im Jahre 1976 durchsetzte.

Gemäß dieser Reform bleibt ein Schwangerschaftsabbruch straffrei, wenn …

1. Gefahr für das Leben der Mutter besteht (medizinische Indikation)
2. Eine schwere Mißbildung des erwarteten Kindes zu befürchten ist (eugenische Indikation)
3. Die Schwangerschaft durch ein Notzuchtverbrechen zustande gekommen ist (krimonologische Indikation)
4. Eine unzumutbare, nicht anders zu behebende Notlage vorliegt (Notlagenindikation oder soziale Indikation).

Was ist nun daraus geworden? Die Diskussion hat nicht aufgehört. Die Reform des § 218 ist umstrittener denn je.

Endlich äußern sich mehr und mehr Politiker und Christen dazu, aber der jetzigen CDU-Regierung kommt dieser Streit höchst ungelegen. Der liberale Koalitionspartner (FDP) läßt in dieser Frage nicht mit sich reden. Kaum ein Abgeordneter des Bundestages will noch einmal die belastenden, vom Gewissen diktierten Parlamentsauseinandersetzungen der 70er Jahre durchmachen.

Die Voraussagen der Abtreibungsbefürworter, die mit astronomischen Abtreibungsdunkelziffern aufwarteten und meinten, daß bei einer Reform des § 218 die Abtreibungszahlen auf die Dauer nicht steigen würden, haben sich nicht erfüllt. Es häufen sich sogar kritische Berichte, die nachweisen, daß Ärzte beim Statistischen Bundesamt in Wiesbaden bewußt geringere Angaben über vorgenommene Abtreibungen machen, um das wahre Bild der Abtreibungstragödie zu vertuschen.

„Rückläufige oder nur leicht ansteigende Abtreibungszahlen beim Statistischen Bundesamt seien deshalb auch kein Beweis dafür, daß die Reform des § 218 Erfolg gehabt habe, sondern Augenwischerei." So bezieht der stellvertretende Vorsitzende der europäischen Ärzteaktion, Dr. Georg Götz, Stellung und behauptet weiter: „Die amtlichen Zahlen des Statistischen Bundesamtes über Schwangerschaftsabbrüche sind falsch und irreführend."

Nach seiner Auffassung ist es „ein skandalöser Rechtsbruch, daß viele Abtreibungen dem Wiesbadener Bundesamt gar nicht gemeldet werden". So wurde zum Beispiel festgestellt, daß etwa 60% der 1978 in München durchgeführten Schwangerschaftsabbrüche in den Unterlagen des Statistischen Bundesamtes gar nicht aufgetaucht sind. Allein eine einzige Klinik der bayerischen Landeshauptstadt habe 1978 mehr Abtreibungen vorgenommen, als die für jenes Jahr vom Bundesamt angegebene Münchner Gesamtzahl. In Berlin seien nahezu 50% der auf Krankenschein abgerechneten Abtreibungen nicht nach Wiesbaden gemeldet worden. (44)

Walter Ramm, Vorsitzender der „Bewegung für das Leben“ erklärte: „Jedes 2. Baby in der Bundesrepublik wird abgetrieben.“ Er befürchtet, die tatsächliche Zahl der Abtreibungen sei fast zehnmal höher als die dem Statistischen Bundesamt gemeldete. Dies würde bedeuten, in der Bundesrepublik werden pro Jahr etwa 1 Million Kinder schon im Mutterleib getötet. (45)

Der Ulmer Arzt Dr. Siegfried Ernst wies bei einem Vortrag vor der Württembergischen Landessynode auf die skandalöse Tatsache hin, daß in der Bundesrepublik Deutschland jede Minute ein ungeborenes Kind umgebracht werde. Schätzungen von Ärzten rechneten in der Bundesrepublik bereits auf jede Geburt eine Abtreibung.

„Die Beseitigung der Gesetze zum Schutz des ungeborenen Lebens habe die größte Katastrophe der deutschen Geschichte seit 1945 ausgelöst, auch weil damit der gewissensbildende Effekt des Gesetzes verlorengegangen sei. Zudem seien die entsprechenden Gesetze so dehnbar, daß man in der Praxis eine Freigabe der Abtreibung erreicht habe.“

Nach Ernsts Worten ist es heute fast unmöglich, einer Frau klarzumachen, daß sie keinen Rechtsanspruch auf Abtreibung habe, während sie den Eingriff sogar über ihren Krankenschein finanzieren lassen kann. „Wie will man einer jungen Frau klar machen, daß eine Abtreibung grundsätzlich eine strafbare Handlung ist, wenn sie gleichzeitig über die Krankenkasse finanziert wird?“ (46)

Es klingt nahezu schizophren: In einem der reichsten Länder der Welt, wie in der Bundesrepublik, werden rund 90% aller Schwangerschaftsabbrüche mit der „Notlagenindikation“ begründet. Man sagt, der Mutter kann die Geburt nicht zugemutet werden, weil diese erhebliche soziale Nachteile mit sich bringen würde. Eine Untersuchung der Mannheimer Universitätsklinik brachte zutage, daß sich dahinter häufig Gründe verbargen wie: eine

Urlaubsreise könne nicht abgesagt, ein Hausbau nicht verschoben, eine Ausbildung nicht abgebrochen werden.

Dieses „blutige Geschäft“ müssen wir als Bundesbürger, sofern wir in der AOK oder einer der Ersatzkassen sind, auch noch mitfinanzieren. Der Haushalt der Krankenkassen wird durch die vorgenommenen Abtreibungen jährlich mit 250 Millionen DM belastet. Die privaten Krankenversicherungen halten sich da heraus. Sie übernehmen die Kosten nur, wenn Gefahr für Leib und Leben besteht, und nicht bei der sozialen Indikation.

Die meisten Argumente, die von den „Reformern“ der Abtreibungsgesetzgebung unter das Volk gebracht wurden, sind inzwischen aufgrund sorgfältiger Überprüfung widerlegt worden. Die „Europäische Ärzteaktion“ veröffentlichte in einer Zeitschrift: „Nie wurde in ganz Europa der Bürger so dreist und unbekümmert belogen wie bei der sogenannten Reform der Abtreibungsgesetze.“ (47)

Nach den Recherchen wurden wir mit astronomischen Abtreibungsdunkelziffern belogen. Mit diesen Zahlen wollten die Abtreibungsbefürworter folgende Schlußfolgerung begründen: Gesetze gegen die Abtreibung seien wertlos, ja schädlich. Es wurde behauptet, daß 1-2 Millionen Abtreibungen jährlich durchgeführt würden. Aber auf Grund einwandfreier Berechnungen kam man auf höchstens 75.000 pro Jahr.

Nach Angaben der Abtreibungsreformer seien 15.000 Frauen an den Folgen illegaler Abtreibungen gestorben. Die Wahrheit ist: In der Bundesrepublik starben 1971 etwas über 13.000 Frauen im gebärfähigen Alter, alle Todesarten zusammengenommen. Die Bundesregierung registrierte 1971 lediglich insgesamt 37 Fälle von Abtreibungen mit Todesfolge.

Eine weitere Lüge ist, daß eine Abtreibung weniger gefährlich sei als eine Geburt. Nachuntersuchungen ergaben: Auch bei den in Kliniken durchgeführten Abtreibungen haben mindestens 35% der Frauen mit Dauerschädigungen zu rechnen. Dabei sind die schweren psychischen Störungen noch gar nicht berücksichtigt. Neben der Blutungsgefahr, Durchbohrungen der Gebärmutterwand, auch mit dem Absaugrohr (!), Emboliegefahr und den nachfolgenden, oft chronischen Entzündungen der Unterleibsorgane, sind es vor allem auch schwere Komplikationen bei späteren, gewollten Schwangerschaften: Frühgeburten, Bauchhöhlenschwangerschaften, Fehlgeburten, Eileiterschwangerschaften, schwere Schädigungen des ungeborenen Kindes.

Eine der häßlichsten Unwahrheiten, die umgeht, ist die Vorstellung, das Kind sei in den ersten drei Monaten eine Art „Zellklumpen“ oder „Qualle“ beziehungsweise „Kaulquappe“. Es durchlaufe sozusagen vom Einzeller mit Amöbenstadium die Gesamtentwicklung des Tierreiches. Der Embryo sei also zunächst gar kein Mensch und habe auch keine menschliche Psyche beziehungsweise menschliche Gefühle (Sebastian Haffner im „Stern“).

Diese Theorie des „Biogenetischen Grundgesetzes“, das der atheistische Naturphilosoph Ernst Heckel 1866 aufgestellt hatte, spukt heute noch in vielen Köpfen und Schulbüchern herum. Eine große Zahl von Menschen weigert sich anzuerkennen, daß es sich in den ersten Wochen der Schwangerschaft schon um ein lebendiges Wesen handelt. So spricht man von „Schwangerschaftsgewebe“, oder „Zellklumpen“. Dem Embryo wird die volle menschliche Individualität abgesprochen.

Aus der Sicht der medizinischen und psychologischen Forschung sind alle diese evolutionistischen Vorstellungen längst widerlegt. Die „Pränatale Psychologie“, d.h. die Psychologie des Kindes im Mutterleib, hat in den letzten Jahren ausgezeichnete und unwiderlegbare Forschungsergebnisse vorgelegt: Der Mensch wird nicht erst langsam zum Menschen, sondern er ist Mensch von Anfang an. Während all der Entwicklungsvorgänge im Mutterleib bleibt sein Wesen gleich, nur sein Erscheinungsbild ändert sich. Ein Mensch entsteht, wenn mütterliche Eizelle und väterliche Samenzelle miteinander verschmelzen. Die befruchtete Eizelle ist die kleinste Erscheinungsform des Menschen!

Bei seiner Geburt hat jedes Kind schon eine neun Monate lange Geschichte hinter sich. Am 18. Tag beginnt das menschliche Herz zu schlagen. Nach der vierten Woche entwickelt sich nichts Neues mehr; alle Organe sind vorhanden. Es schreiten lediglich Wachstum und Reifung fort. Am Ende der achten Woche hat das Kind schon ein vollkommen menschliches Gesicht und seine unverwechselbaren Handlinien, an denen es später sicher identifiziert werden kann. Gegen Ende des dritten Monats kann es unter anderem mit den Beinen stoßen, eine Faust machen, den Kopf drehen und die Stirn runzeln.

All dies wurde durch viele und sorgfältige Untersuchungen nachgewiesen und zum Teil mit Fotos und Filmaufzeichnungen dokumentiert. So ist zum Beispiel der am Daumen lutschende, lächelnde, schreiende oder sonstwie grimassierende Fetus, fotografiert von dem Schweden Lenhard Nilsson, um die ganze Welt gegangen.

Den Geschmack des Ungeborenen hat schon 1937 de Snoo geprüft. Da der Fetus eine bestimmte Menge Fruchtwasser schluckt, versetzte er das Fruchtwasser mit verschiedenen Geschmackszusätzen: nach einer Beigabe von Bitterstoffen – Chinin – trank der Fetus sehr viel weniger Fruchtwasser und verzog das Gesicht dabei. Nach der Injektion von Süßstoff – Sacharin – trank er sehr viel mehr.

Man kann sagen: die Wahrnehmungen des ungeborenen Kindes in den Sinnesbereichen Tasten, Hören, Schmecken und Sehen sind nachweisbar. Schon ab dem vierten Monat nimmt es die Geräusche im Uterus war. Der Mutterleib ist in keiner Weise ein schallarmer Raum. Das Schlagen des Herzens, das Brausen und Brodeln der Plazenta, die Geräusche des Magens und des Darmes werden ebenso wahrgenommen wie die Töne außerhalb des Mutterleibes – vor allem die Stimme der Mutter.

Neben der Nahrung, die das Kind günstig oder ungünstig beeinflussen kann – denken wir nur an Nikotin- oder alkoholgeschädigte Neugeborene –, spürt das Ungeborene auch Druck, Bewegung, Schmerz, Geräusche und wird so in seinem Seelenleben bereits beeinflußt. Untersuchungen haben ergeben, daß das kleine Individuum im Mutterleib schon Streß aufnehmen und sich eine psychosomatische Erkrankung einhandeln kann.

„Da gebar zum Beispiel in den USA eine gesunde, 17jährige Frau nach einer komplikationslosen Schwangerschaft ein Kind mit drei Magengeschwüren; es starb 20 Stunden nach der Geburt. Dabei hatte die junge Frau die Schwangerschaft ohne körperliche Probleme durchlebt, war jedoch besonders starkem psychischem Streß ausgesetzt: die Eltern zwangen sie, den Vater des Kindes zu heiraten, der Alkoholiker war und ihr gegenüber wiederholt gewalttätig wurde. Die junge Frau selbst hatte keinerlei direkten organischen Schaden davongetragen, aber das Kind war an einer schweren Psychosomatose erkrankt und daran gestorben." (48)

Es ist klar, die Beantwortung der Frage nach dem Beginn des menschlichen Lebens ist für die Betroffenen von großer Tragweite. Wenn es lediglich einen nichtmenschlichen Zellklumpen, ein sogenanntes „Schwangerschaftsgewebe" betrifft, dann ist das „Wegmachen" nicht so gewissensbelastend. Anders ist es, wenn man weiß, daß Abtreibung Mord eines menschlichen Lebens ist.

Schwangerschaftsabbruch bedeutet Tötung des menschlichen Lebens und damit Übertretung des Gebotes Gottes! Jedem Menschen, ohne Unterschied im Hinblick auf Rasse, Herkunft oder „gesellschaftliche Brauchbarkeit", gehört nach unserer Verfassung das Recht auf Leben und körperliche Unversehrtheit. Das muß auch für die Ungeborenen gelten! Dr. med. Samuel Pfeifer klagt: „Unsere

Medizin ist schizophren: In der Säuglingsintensivstation kämpfen Ärzte und Schwestern Tag und Nacht um das Leben eines 1½ kg schweren Würmleins, um es wieder gesund seiner überglücklichen Mutter zu übergeben. Aber im gleichen Krankenhaus werden Hunderte dieser kleinen Geschöpfe umgebracht. Es gab eine Zeit in meinem Leben, wo auch ich die Abtreibung als alleinige Angelegenheit einer Frau ansah, die sie mit ihrem Arzt und ihrem Gott aushandeln müsse. Eines Tages stand ich dann selbst im Operationssaal und sah bei einer Abtreibung zu: Die Saugkürette wurde eingeführt, die Vakuumpumpe angestellt. Langsam kletterte der Zeiger des Manometers höher. Plötzlich zerriß ein lautes gieriges Schlürfen die Stille des OP. Damals, als der mörderische Schlund des Saugrohrs das werdende Leben verschlang und schaumiges Blut, zerfetztes Gewebe und abgehackte Händchen ausspie, da wurde ich zum vehementen Abtreibungsgegner. Ich habe mich seither geweigert, auch nur eine Narkose für diesen Eingriff zu machen." (49)

In einer Zeit, in der das Kind zu einer „Wegwerfware" geworden ist und Abtreibung irrtümlicherweise für viele als ihr persönliches Recht und letztmögliche Form der Geburtenregelung gesehen wird, ist es unerläßlich, daß wir Christen um so kompromißloser ja sagen zum Leben der Ungeborenen und Initiativen gegen die Abtreibung unterstützen. Es ist ein reiner Hohn, wenn in einem der reichsten Länder der Erde die meisten Abtreibungen auf die „soziale" Indikation zurückgeführt werden.

Es reicht aber nicht aus, nur nach einer Reform des reformierten § 218 zu rufen: Unermüdliche Aufklärung über den „Mord im Mutterleib" mit all seinen Folgen und Hilfe für die Mütter, die ihr Kind austragen wollen – trotz massiven Druckes des männlichen Erzeugers oder der Verwandten – sind dringend erforderlich.

Wir haben zur Kenntnis genommen, daß Bundesfamilienminister Geißler für das Jahr 1984 erstmals eine Bundesstiftung „Mutter und Kind – zum Schutz des ungeborenen Lebens“ mit 25 Millionen Mark angekündigt hat. „Die Geburt eines Kindes darf nicht am Geld scheitern“, sagte er vor der Presse.

Geld allein schafft jedoch keine Lösung. Christen aller Konfessionen sollten ihre Aufgabe in der persönlichen Beratung und Betreuung wahrnehmen. Insbesondere an der Möglichkeit der Adoptionsvermittlung muß gearbeitet werden. Den Schwangeren ist klarzumachen, daß sie sich selbst, dem Kind und unserer Gesellschaft einen größeren Dienst erweisen, wenn sie neun Monate ausharren und dann das Kind zur Adoption freigeben. Das werden sie hinterher seelisch und gesundheitlich auf jeden Fall besser verkraften, als sich mit dem Gedanken des Kindermordes abzuplagen und ein später gewolltes Kind eventuell nicht oder nur unter größten Komplikationen zur Welt zu bringen. Gerade in christlichen Kreisen brauchen wir offene Arme, um zur Adoption freigegebenen Säuglingen einen Platz in der eigenen Familie zu geben.

Wenn dieses Kapitel Sie in Ihrer christlichen Verantwortung aufgerüttelt hat, dann wenden Sie sich an eine der Organisationen, die sich den Schutz des ungeborenen Lebens zur Aufgabe gemacht haben, wie „Pro Vita“ und „Aktion Leben“ oder andere Gruppen.

Ihr persönliches Bibelstudium: Wann beginnt das menschliche Leben?

Eine Frage ist für uns Christen am vorrangigsten zu klären: Was sagt die Bibel zum Beginn des menschlichen Lebens und zur Abtreibung?

2. Mose 20,13: „Du sollst nicht töten.“

Dieses Gebot ist uns allen vertraut. Handelt es sich nun bei der Abtreibung nur um die Beseitigung eines nichtmenschlichen Zellklumpens oder um die vorsätzliche

Tötung von Gott beabsichtigten Lebens und damit um Mord?

Es gibt in der Heiligen Schrift eine ganze Reihe von Versen, die das vorgeburtliche Leben des Menschen zum Inhalt haben.

> Psalm 139,13-16:
> „Du bist es, der … mich im Leib meiner Mutter gewoben hat. Ich danke dir dafür, daß ich wunderbar gemacht bin; wunderbar sind deine Werke … nicht war mein Gebein dir verborgen, als ich gar heimlich entstand … deine Augen sahen mich als formlosen Keim, und in deinem Buch standen eingeschrieben alle Tage, die vorbedacht waren, als noch keiner von ihnen da war."

> Hiob 10,8-12:
> „Mich bildeten, mich schufen deine Hände … du hast mich doch mit Haut und Fleisch bekleidet, mit Knochen und Sehnen mich durchwirkt. Das Leben hast du mir verliehen, und Gnade und deine Obhut schützte meinen Atem."

Aus diesen beiden Bibelversen können wir folgendes herauslesen:

- Die Gestaltwerdung des Menschen im Mutterleib wird als Werk Gottes beschrieben.
- Das vorgeburtliche Leben ist nicht nur Ergebnis biologischer Vorgänge, sondern bereits personhaft-menschlich.
- Schon für den vorgeburtlichen Menschen hat Gott Absichten, Werke, zu denen er geschaffen ist (s. Epheser 2,10).
- Das pränatale Wesen steht von Anfang an unter Gottes schützender Obhut.

Daraus folgt: Abtreibung ist ein zerstörerischer Angriff auf Gottes Werk, das unter seiner Obhut steht.

Bereits das Ungeborene kann in einer persönlichen Beziehung zu Gott stehen.

Psalm 22,11:

„Auf dich bin ich geworfen von Mutterleib an, du bist mein Gott von Mutterschoß an."

Psalm 71,5-6:

„Du bist meine Hoffnung, der Gegenstand meines Vertrauens von meiner Jugend an. Auf dich habe ich vertraut vom Mutterleib an."

Aus diesen Versen lernen wir:

- Schon als Ungeborener weiß sich der Psalmist in Gott geborgen und versorgt.
- Er bezeugt eine persönliche Vertrauensbeziehung zu Gott.

„Die Tatsache, daß die Heilige Schrift keine Schwierigkeiten hat, bereits bei einem Ungeborenen eine Vertrauensbeziehung zu Gott anzunehmen, zeigt, wie sehr sie schon dem pränatalen Leben personhaft-menschlichen Charakter zuschreibt!" (50)

Es ist erstaunlich, was in bezug auf Johannes den Täufer gesagt wird:

Lukas 1,15:

„Denn er wird groß sein vor dem Herrn; Wein und starkes Getränk wird er nicht trinken, und mit heiligem Geiste wird er erfüllt werden schon von Mutterleib an."

Lukas 1,41+44:

„Und es begab sich, als Elisabeth den Gruß der Maria hörte, hüpfte das Kind in ihrem Leibe. ... Denn siehe, sowie die Stimme deines Grußes in mein Ohr drang, hüpfte das Kind vor Freude in meinem Leibe."

Auch wenn es eine einmalige Situation sein mag, daß ein Mensch bereits „von Mutterleibe an mit dem heiligen Geist erfüllt" wurde, wird hier doch eindrücklich betont, wie sehr das Neue Testament bereits dem ungeborenen Menschen volles Menschsein anerkennt. Die Geburt ist keineswegs der Beginn des Menschseins!

Weitere Bibelstellen bestätigen dies:
Galater 1,15:
„Als es aber Gott, der mich von meiner Mutter Leib an ausgesondert und durch seine Gnade berufen hat, wohlgefiel ...“
Jesaja 49,1:
„Der Herr hat mich von Mutterleib an berufen und meines Namens gedacht von Mutterschoß an.“
Jeremia 1,5:
„Ehe denn ich dich im Mutterleibe bildete, kannte ich dich, und bevor du aus dem Mutterschoße hervorgingst, habe ich dich geheiligt ...“

Im Lichte der Bibel wird also dem vorgeburtlichen Leben des Menschen die Unantastbarkeit des Lebens zugesprochen: Gott kennt und will den Menschen bereits bei seiner Erschaffung.

Die Heilige Schrift bestätigt also die Forschung der pränatalen Psychologie und der Medizin, daß mit der Verschmelzung von Ei- und Samenzelle das vorgeburtliche Leben eines Menschen beginnt.

Darf man in diese Welt noch Kinder setzen?

Bei immer mehr Menschen breitet sich Ratlosigkeit und Angst aus. Was wird die Zukunft bringen? Schlagwörter wie Atomrüstung, Umweltschäden, Bevölkerungsexplosion und Arbeitslosigkeit wühlen die Emotionen auf. Hunderttausende zeigen in mehr oder weniger friedlichen Demonstrationen ihr Erschrecken über die Zukunft. Dazu kommt die Vereinsamung des einzelnen, der die Bindung an Ehe und Familie ablehnt und dann noch isolierter und hilfloser dasteht.

Eine Frage wird besonders unter jungen Menschen – ob Christen oder Nichtchristen – immer häufiger gestellt: Darf man in diese Welt noch Kinder setzen?

Ich hatte gerade den Vortrag „Ehe und Familie in der Zerreißprobe unserer Zeit" beendet und war vom Podium heruntergestiegen, als ein Mann, etwa in meinem Alter, auf mich zukam.

„Ich finde es großartig und bewundernswert, daß Sie sechs Kinder aufgenommen haben", begann er. „Aber eins verstehe ich nicht: Wie sind Sie nur dazu gekommen, noch fünf Kinder in diese Welt zu setzen? Das ist unverantwortlich!"

Dann sprudelte es aus ihm heraus: „Wissen Sie, ich bin Physiker, und ich gebe diesem Planeten Erde nicht mehr viele Jahre. Bei der jetzigen Bevölkerungsexplosion haben wir bald alle nichts mehr zu essen und schlagen uns gegenseitig die Köpfe ein. Wie soll es weitergehen angesichts der Umweltverschmutzung: verdreckte Luft, umkippende Gewässer, sterbende Bäume! Wenn wir so weitermachen wie bisher, haben wir doch keinerlei Zukunftsaussichten. Werden unsere Kinder noch jemals durch einen grünen Wald gehen können und genug Trinkwasser haben? Die chemische Bombe tickt ... und da reden Sie von Familiengründung und fröhlichem Familienleben! Ich kann doch bei diesem verrückten Wettrüsten keine Kinder mehr in die Welt setzen; mit einem Schlag kann es doch mit uns allen vorbei sein!"

Etwas ruhiger werdend fuhr er fort: „Ich habe Ihrem Vortrag aufmerksam zugehört und bewundere Ihr Engagement; aber wie bringen Sie es nur fertig, in diese Welt der Brutalität, Grausamkeit und Hoffnungslosigkeit noch so viele Kinder zu setzen?"

Mutlosigkeit und Hoffnungslosigkeit schauten diesem Mann so richtig aus den Augen. Ich empfand tiefe Sympathie für ihn und wollte ihm helfen.

„Wissen Sie, die Dinge, die Sie aufgezählt haben, sind mir genauso bekannt wie Ihnen. Ich stecke den Kopf nicht in den Sand, um die Wirklichkeit zu verdrängen. An die Zukunft zu denken ist fürchterlich und kann einem eine Gänsehaut den Rücken rauf- und runterjagen. Aber als Christ kann ich diese Ereignisse ganz anders einordnen und beurteilen. Ich bin durch die Bibel vorausinformiert. Während Sie davon ausgehen müssen, daß diese Erde steuerlos in ein Chaos hineinrast und Sie ein wehrloses Opfer der Umstände sein werden, habe ich als Christ eine ganz andere Überzeugung und Hoffnung.

Es stimmt: die Erde rast dem Chaos entgegen. Aber nicht steuerlos! Unser Schöpfergott hat die Kontrolle und hält die Fäden in der Hand. Wir haben detaillierte Berichte in der Bibel, wie sich die Katastrophen als Gericht über die gottlose Menschheit abspielen werden – aber wir haben noch eins: die Verheißung, daß Gott diejenigen, die ihn lieben, vor diesem Gericht bewahren wird. Deswegen kann ich gelassen bleiben. Diese Überzeugung macht den großen Unterschied aus zwischen der Zukunftserwartung eines Christen und eines Nichtchristen.

Darum habe ich auch eine andere Sicht in bezug auf Familiengründung. Beziehungen, die durch die Zeugung und Geburt eines Kindes in dieser Welt geschaffen werden, reichen bis in die Ewigkeit. Selbst wenn morgen alles vorbei sein sollte, wird meine Familie, die Jesus von Herzen liebt, mit mir zusammen die Ewigkeit in der Gegenwart Gottes verbringen. Selbst unser Baby wird dabei sein. Deswegen freue ich mich, daß es geboren wurde. Wissen Sie, wo Sie Ihre Ewigkeit verbringen werden?"

Er schaute mich nachdenklich an.

„Darf ich Ihnen ganz direkt sagen, was Sie brauchen, um ein froher Mensch zu werden? Sie brauchen eine persönliche Beziehung zu Jesus Christus."

„Das weiß ich schon seit längerem", erwiderte er, „aber ich packe es nicht. Mir ist mein Kopf zu sehr im Wege."

„Es ist einfacher, als Sie glauben", versuchte ich ihn zu ermutigen, „allerdings gehören Buße und Aufrichtigkeit dazu. Wenn Sie es aber ernst meinen, dann sprechen Sie mit Jesus. Bekennen Sie, daß Sie Schuld auf sich geladen haben, und bitten sie um Vergebung. Sie müssen Jesus annehmen, um ein neues Leben bitten und bekennen, daß Jesus Christus fortan der Herr über Ihr Leben sein soll."

Ich zitierte zwei Bibelstellen: „Soviele ihn aber aufnahmen, denen gab er Vollmacht, Gottes Kinder zu werden" (Johannes 1,12) und Römer 10,9: „Wenn du mit deinem Munde Jesus als Herrn bekennst und in deinem Herzen glaubst, daß Gott ihn von den Toten auferweckt hat, so wirst du gerettet." Dann fuhr ich fort: „Sagen Sie, ist das wirklich so schwer, mit Ihrem Mund Jesus als Herrn zu bekennen und in Ihrem Herzen zu glauben, daß er eine erfahrbare Realität ist, um dann errettet zu werden, wie der Bibelvers es verspricht? Wenn Sie diese persönliche Beziehung zu Jesus Christus empfangen haben, dann werden Sie froh und hoffnungsvoll werden können. Sie werden wissen, wozu Sie leben und was die Zukunft für Sie bringt."

„Vielen Dank für die Zeit, die Sie sich für mich genommen haben."

Er drückte mir fest die Hand und schaute mir in die Augen. „Es hat mir schon weitergeholfen." Dann drehte er sich schnell um und war in der Menschenmenge verschwunden.

Auf der Heimfahrt im Auto ging mir dieses Gespräch nicht aus dem Sinn. Ich betete für diesen Mann, der so ehrlich auf der Suche war. Gern hätte ich es erlebt, wenn er gleich bei dem Gespräch sein Leben Jesus übergeben hätte. Aber ich hatte gesät, ein anderer wird gießen und ein weiterer die Freude des Erntens miterleben.

„Haben nicht manche Nichtchristen eine größere Sensibilität für die Zeichen unserer Zeit als viele Christen?" grübelte ich, während die Landschaft an mir vorüberglitt. „Sie erkennen, daß es nicht mehr lange so weitergehen kann, und ziehen daraus ihre persönlichen Konsequenzen. Die einen werden Aussteiger und versuchen, sich ein Stück Natur zu retten, die anderen steigern sich aus Verzweiflung in politische Aggressionen hinein und gehen nicht zu verwirklichenden Träumen nach. Aus Sehnsucht nach Ewigkeitswerten haben Okkultismus, Spiritismus, Meditationstechniken und der ganze Rummel der Jugend- und Weltreligionen Hochkonjunktur. Es muß doch irgendwie ein Sinn in diesem erbärmlichen Leben zu finden sein! meinen sie.

Wie ordnen wir Christen die Zeichen unserer Zeit ein? Leben wir denn wirklich in der Endzeit? fragen manche. Hat nicht jede Generation, die Schwierigkeiten durchzustehen hatte, apokalyptische Erwartungen gehabt, die sich dann wieder zerschlagen haben? Man sollte doch endlich einmal aufhören, die Menschen mit dem endzeitlichen Gerede und der Schwarzmalerei zu verunsichern und zu verängstigen!

Sie sollten die Beurteilung der Zeichen unserer Zeit nicht den Emotionen und persönlichen Meinungen überlassen, sondern nach den biblischen Fakten fragen. Tun Sie das, dann werden Sie feststellen, daß wir tatsächlich die Generation sind, die behaupten kann, sie sei das auserwählte Geschlecht, das die Wiederkunft Jesu aller Wahrscheinlichkeit nach miterleben wird. Das zu wissen ist kein Anlaß zur Sorge und Angst, sondern vielmehr Anlaß zu großer Freude, Erwartung und Begeisterung. Eine frohe Botschaft, mit der wir einander trösten und ermutigen sollten!

Kein Versuch, die Endzeit richtig zu deuten, kann die politischen Ereignisse um den Staat Israel außer acht lassen. Israel ist der Zeiger an der Weltenuhr. Wenn wir das politische Geschehen in Israel mit den Prophetien der Bibel vergleichen, wissen wir, wo wir in der Heilsgeschichte stehen.

Die Staatengründung Israels im Jahre 1948 ist der Glockenton, der die Endzeit im engeren Sinne eingeläutet hat. Für diesen Zeitraum nach 1948 hat uns die Bibel gewisse Ereignisse vorausgesagt.

Unter „Endzeit im weiteren Sinne“ haben wir die gesamte Zeit von der Geburt und Himmelfahrt Christi bis zu seiner Wiederkunft zu verstehen. Es ist die Zeit der Gnade, in der Christus sein Heil anbietet. Dieser Endzeit im weiteren Sinn begegnen wir zum Beispiel in der Pfingstpredigt des Apostels Petrus, wo er unter anderem sagt: „Liebe Männer ... das sei euch kundgetan ... diese sind nicht trunken ... sondern das ist, was durch den Propheten Joel zuvor gesagt ist: Und es soll geschehen in den letzten Tagen, spricht Gott, da will ich ausgießen von meinem Geist auf alles Fleisch“ (Apostelgeschichte 2,14-17). (51)

Die Endzeit im engeren Sinn begann 1948, als die Weltöffentlichkeit von einem Ereignis überrascht wurde, das sie nicht für möglich gehalten hatte: Die Juden, die seit 70 n.Chr. in aller Welt verstreut waren und die unmenschlichsten Verfolgungen erleiden mußten, hatten wieder einen eigenen Staat.

So etwas hat es in der Weltgeschichte noch nicht gegeben: Ein Volk, über nahezu 2000 Jahre zerstreut und verfolgt, konnte über die Jahrhunderte hinweg seine Identität bewahren und überraschte die Weltöffentlichkeit mit seiner Staatsgründung. Jesaja hatte dieses Ereignis durch den Geist Gottes vorausgesehen und zu unserer Bestätigung niedergeschrieben: „Wer hat je so etwas gehört? Wer hat dergleichen gesehen? Ward je ein Land an einem Tag zur Welt gebracht? Ist je ein Volk auf einmal geboren worden, wie Zion in Wehen gekommen ist und zugleich ihre Kinder geboren hat?" (Jesaja 66,8).

Durch diese Verheißung und viele andere im Alten Testament sagt uns die Bibel, Gott werde eines Tages sein Volk wieder nach Israel versammeln. Eine lange Zeit werden sie ohne König und ohne Tempeldienst in der Zerstreuung leben, aber dann werden sie zurückkehren und ihren Gott suchen. Dies alles wird am Ende der Tage geschehen: „Denn die Kinder Israels werden viele Tage ohne König bleiben und ohne Fürsten, auch ohne Opfer, ohne Bildsäule, ohne priesterliches Schulterkleid und ohne Hausgötzen. Danach werden die Kinder Israel zurückkehren und den Herrn, ihren Gott, und David, ihren König, suchen und werden sich bebend zu dem Herrn und zu seiner Güte flüchten am Ende der Tage" (Hosea 3, 4-5).

Dies haben wir miterlebt! Anhand des Gleichnisses vom Feigenbaum, dessen Zweige saftig werden und Blätter gewinnen – ein Bild für das Wiedererwachen und die Staatsgründung Israels –, wird uns gesagt: „Und dieses Geschlecht wird nicht vergehen, bis dies alles geschehen ist" (Matthäus 24,32-34).

Klaus Gerth schreibt in seinem Buch „Der Antichrist kommt": „Israel ist ohne Frage das eindeutigste Zeichen der Zeit, in der wir leben. Viele Berechnungen umranken gerade dieses ‚heiße Eisen'. Viele Bibelausleger, die ihre Aussagen am Anfang dieses Jahrhunderts weitergaben wiesen immer darauf hin, daß das zweite Kommen unseres Herrn erst dann stattfinden könnte, wenn sich Israel wieder als Nation in Palästina zusammengefunden hat. Es ist absolut richtig, daß dieses große Ereignis zuerst zu geschehen hatte. Nun sind viele der Auffassung, daß das Jahr 1948 auf Matthäus 24 zu beziehen ist, wo es heißt, daß die Generation, die alle diese Zeichen bestätigt sehe, nicht vergehe, bevor der Herr Jesus Christus wiederkäme. Eine Generation umfaßt nach biblischem Vorbild ungefähr 30 bis 40 Jahre. Andere meinen, das Hinzurechnen der 40 Jahre sei auf das Jahr 1967 zu beziehen, als Israel Jerusalem eroberte ... Wenn unsere Folgerung richtig ist, dann wird deutlich, daß die Wiederkunft Jesu noch vor Ablauf dieses Jahrtausends stattfinden kann." (52)

Wir erleben nun mit, wie sich nach der Staatsgründung Israels Schlag auf Schlag andere Prophetien zur Endzeit erfüllen und uns der Wiederkunft Jesu näher bringen.

Allen Israelfreunden schlug das Herz höher, als sie während des Sechstagekrieges im Juni 1967 über Presse und Rundfunk erfuhren, ganz Jerusalem sei in der Hand der Juden. Wieder konnten wir eine zur Erfüllung gekommene Verheißung abhaken: „Jerusalem wird zertreten werden von den Heiden, bis die Zeiten der Heiden abgelaufen sind" (Lukas 21,24).

Nehmen Sie es zur Kenntnis: Die „Zeiten der Heiden", die von 70 n.Chr. mit der Zerstörung Jerusalems durch den römischen Feldherrn Titus begannen und bis zum Juni 1967 reichten, sind abgelaufen. Gott macht wieder Geschichte mit seinem Volk, den Juden.

Ist es nicht interessant, wie sich zur Zeit die politischen Ereignisse um Israel drehen? Es vergeht kaum ein Tag, an dem nicht über Auseinandersetzungen um Israel berichtet wird. Kennen Sie einen anderen Staat, dem eine solche Aufmerksamkeit gewidmet wird und über den gleichzeitig so viele Lügen berichtet werden? Israel stört den Weltfrieden, und Weltpolitiker befürchten, hier könne sich ein dritter Weltkrieg entzünden. Wie recht sie haben!

In Sacharja 12,2-3 lesen wir, daß Jerusalem zu einem Ärgernis und Laststein der Weltgeschichte werden wird: „Siehe, ich mache Jerusalem zum Taumelkelch für alle Völker ringsum, und auch gegen Juda wird es gehen bei der Belagerung Jerusalems. Und es soll geschehen an jenem Tage, daß ich Jerusalem zum Laststein für alle Völker machen werde; alle, die ihn heben wollen, werden sich daran wundreißen; und alle Nationen der Erde werden sich gegen sie versammeln." Wir erleben intensiv mit, wie sich diese Verheißung erfüllt.

Ein weiteres, noch ausstehendes prophetisches Ereignis macht seit Anfang 1983 von sich reden. Ein Ereignis, das von den alttestamentlichen Propheten niedergeschrieben und über Jahrhunderte hinweg nicht beachtet wurde. Erst in den letzten Jahren machte der Heilige Geist verschiedene Christen unabhängig voneinander darauf aufmerksam, daß die Bibel verheißen habe, die Kinder Israels aus dem „Lande des Nordens" und aus allen Ländern der Erde zurück nach Israel zu führen.

Natürlich hat diese Rückführung mit der Staatsgründung Israels 1948 begonnen. Aber, wie wir sehen, nur teilweise. Der kleinste Teil der jüdischen Weltbevölkerung lebt in Israel. Die übrigen wollen oder können nicht nach Israel auswandern, und doch lesen wir in der Bibel, es werde noch einen gewaltigen Exodus der Juden aus aller Welt nach Israel geben. Beginnen wird dieser zweite Exodus, von dem gesagt wird, er werde den Auszug aus Ägypten in den Schatten stellen, ausgerechnet im „Lande des Nordens" (von Israel aus gesehen), in Osteuropa.

„Darum seht, es kommen Tage, spricht der Herr, da man nicht mehr sagen wird: So wahr der Herr lebt, der die Kinder Israel aus Ägyptenland geführt hat!, sondern: So wahr der Herr lebt, der die Kinder Israel herausgeführt hat aus dem Lande des Nordens und aus allen Ländern, wohin er sie verstoßen hat!" (Jeremia 16,14-15).

Gerade in Osteuropa haben der Antisemitismus und die Judenverfolgungen in letzter Zeit härteste Formen angenommen. Vielfach sind uns nur die herzzerreißenden Berichte der verfolgten Christen bekannt. Aber den Juden in der Sowjetunion geht es nicht besser. Mit Beginn des Jahres 1980 wurden die Ausreisegenehmigungen der Juden ständig gedrosselt und Ausreisewillige härtesten Schikanen ausgesetzt. Kenner der Szene in der Sowjetunion weisen sorgenvoll darauf hin, daß sich die UdSSR zu einem „riesigen Konzentrationslager" für die dort lebenden Juden entwickelt habe. Finden Sie es da nicht auch bemerkenswert, daß Jesaja ausgerechnet dem Lande des Nordens zuruft: „Gib heraus!"? (Jesaja 43, 5-7).

Es hat mir fast den Atem verschlagen, als ich im Frühjahr 1983 die Länder Finnland, Schweden, Dänemark, Holland und Deutschland bereiste. Dort interviewte ich Menschen, zu denen Gott durch den Heiligen Geist gesprochen hatte, sie sollten sich auf die Aufnahme von durchreisenden sowjetischen Juden auf dem Weg nach Israel vorbereiten. In dem Buch „Der zweite Exodus" (53), das ich für den Judenchristen Steven Lightle geschrieben habe, können Sie diese Berichte nachlesen. Machen Sie sich darauf gefaßt, wenn diese Ereignisse sich erfüllen, sind wir der Wiederkunft Jesu noch einen Schritt näher gekommen.

Nicht nur das Geschehen um Israel weist auf die nahe Wiederkunft Jesu und den „Tag des Zorns" hin. Jesus selbst gibt in Matthäus 24 weitere Hinweise. Er beantwortet die Fragen seiner Jünger nach den Zeichen seiner Wiederkunft. Dazu gehören Kriege und Kriegsgerüchte – heute führen 45 von den 164 Staaten, die es auf der Erde gibt, Krieg. Die Kriegsgerüchte wegen des atomaren Wettrüstens lassen die Menschen kopflos werden.

Weiter lesen wir von Hungersnöten, Pest und Erdbeben. In der Zeitgeschichte haben wir noch nie so viele Erdbeben registriert wie in den letzten Jahren.

Fernsehgebäck knabbernd, sitzen Abend für Abend Millionen von Menschen vor der Mattscheibe und sind Zeugen der grausigsten Szenen: Naturkatastrophen, Flüchtlingsströme, verhungernde Menschen. Es steht ihnen so nahe vor Augen, und doch bleiben sie unberührt.

Jesus spricht auch von falschen Propheten, die viele in die Irre führen werden. Wie viele Tränen sind nicht schon geflossen, weil Kinder in die Hände ausbeuterischer Jugendsekten geraten sind und dort psychisch vergewaltigt wurden.

Bevor das Ende kommt, werden wir Christen gehaßt und getötet werden. „Das 20. Jahrhundert ist das blutigste Jahrhundert der ganzen Kirchengeschichte: Noch nie seit Christi Geburt hat es so viele Christenverfolgungen gegeben wie in unserer Zeit." (54) 605 Millionen Christen – das ist jeder 3. Christ – werden nach Angaben der christlichen Weltenzyklopädie verfolgt.

Doch Jesus nennt auch erfreuliche Ereignisse für die letzten Tage: „Dieses Evangelium vom Reich wird in der ganzen Welt gepredigt werden zum Zeugnis allen Völkern, und dann wird das Ende kommen" (Matthäus 24,14). Die Möglichkeit der umfassenden Evangelisation der ganzen Welt werden wir bald miterleben. Über das Satellitenfernsehen sind uns Menschen Perspektiven aufgeschlossen, die man vor einigen Jahren noch nicht geahnt hatte. Drei solcher Satelliten genügen, um alle Länder der Welt über Hunderte von Kanälen und in allen Sprachen mit der Frohen Botschaft durch Funk und Fernsehen zu erreichen. Kein „Eiserner Vorhang" und kein „Bambusvorhang" wird diese Evangelisation aus der Luft aufhalten können.

Zu den Vorankündigungen der Endzeit in Matthäus 24 gehören aber auch Aussagen wie „die Gesetzlosigkeit wird überhandnehmen und die Liebe wird in vielen erkalten", oder auch die detaillierten Angaben aus 2. Timotheus 3,1-6.

Mit diesen Bibelversen werden die zwischenmenschlichen Beziehungen in den letzten Tagen beschrieben: Selbstsucht, Geldgier, Hochmut, Zuchtlosigkeit, Rebellion gegen die Eltern, Lieblosigkeit, Unversöhnlichkeit, Gottlosigkeit usw.

Wir spüren nur zu deutlich, daß „das Geheimnis der Gesetzlosigkeit schon an der Arbeit ist", wie es der Apostel Paulus im 2. Brief an die Thessalonicher beschreibt. Er meint damit das verborgene Wirken des kommenden Antichristen.

Der biblische Befund legt uns nahe, daß wir spätestens seit den sechziger Jahren mit dem Beginn der „Kulturrevolution" in dieser endzeitlichen Phase des antichristlichen Wirkens stehen. Wieder ein Hinweis auf die Zeichen unserer Zeit und die nahe Wiederkunft unseres Herrn.

Auch wenn wir die Anfänge dieser „Familienzerstörung" jetzt miterleben, vor ihrem Höhepunkt werden die, die den Herrn lieben, zu ihm entrückt sein. Paulus spricht davon, daß etwas „aus dem Weg geschafft werden muß", bevor der Antichrist voll zuschlagen kann: „Denn das Geheimnis der Gesetzlosigkeit ist schon an der Arbeit, nur muß der, welcher jetzt aufhält, erst aus dem Wege geschafft werden: und dann wird der Gesetzlose geoffenbart werden" (2. Thessalonicher 2,7).

Wissen Sie, was das volle Zuschlagen der antichristlichen Mächte, die schon schlimm genug sind, noch aufhält? Es ist der Heilige Geist und wir Christen, die wir der „Tempel des Heiligen Geistes" genannt werden. Solange der Heilige Geist und wir uns noch auf der Erde befinden, sind wir der geistliche Widerstand im Kampf gegen die satanischen, antichristlichen Mächte. Erst wenn wir zu Jesus Christus entrückt sind, beginnt die Ära des Antichristen.

Mit diesen Worten sollen wir einander trösten und ermutigen! Wir brauchen keine Angst vor der Zukunft zu haben. Aber wir dürfen auch nicht in Passivität der zukünftigen Dinge harren, sondern müssen unsere Autorität in Christus wahrnehmen.

Es erfüllt mich mit Kampfgeist und einer gewissen Genugtuung, daß unser Dasein die volle Wirksamkeit der Gesetzlosigkeit aufhält.

Setzen Sie Ihre geistliche Autorität im Kampf gegen die unsichtbare Welt ein. Investieren Sie Ihre Talente, Weisheit, Zeit und auch Ihr Geld für die Sache Gottes, damit unsere Stimme wirklich zu hören und unser Einfluß zu spüren ist, solange wir noch auf der Erde sind. Wir dienen dem „lebendigen und wahren Gott“ und erwarten seinen Sohn vom Himmel, „welchen er von den Toten auferweckt hat, Jesus, der uns vor dem zukünftigen Zorn errettet“ (1. Thessalonicher 1,10).

Hal Lindsey, ein bekannter Bibellehrer zu Endzeitfragen, betont, „daß wir zu keiner Zeit furchtsam sein müssen. Denn wir sehen, wie die Welt immer mehr in diese schrecklichen Dinge hineingerät, daß der 3. Weltkrieg eigentlich schon vor der Tür steht, daß unsere gesamten Rohstoffe zur Neige gehen und überall auf der Welt schreckliche Hungersnöte sind. Gerade dann können wir getrost sein, weil wir wissen, daß der Herr für uns kommen wird. Eigentlich können wir zu jedem Zeitpunkt ganz konkret mit der Wiederkunft des Herrn rechnen. Ich meine, daß wir jeden Tag diesem Ereignis näher kommen, daß die Geschichte ihr Ende findet. Obwohl ich diese schrecklichen Dinge sehe, die täglich geschehen, bin ich nicht erschreckt, weil ich eine große Hoffnung habe. Das ist das, was uns Paulus sagt in 1. Thessalonicher 4,18, wo er davon spricht, daß der Herr in Wolken wiederkommen wird. Und er fügt hinzu: ‚Tröstet einander mit diesen Worten‘. Das ist eine unerhörte Hoffnung für mich – gerade heute. Es spielt für mich keine Rolle, wie schlimm die Dinge werden, weil ich weiß, daß der Herr bald wiederkommt." (55)

Wie schon in dem Gespräch mit dem Mann, der mich nach meinem Vortrag ansprach, deutlich wurde, sehen wir Christen das Thema „Familienleben und Familiengründung" in einem anderen Licht.

Wäre ich kein Christ, hätte ich bei diesen Zukunftsperspektiven keinen Mut mehr, meine Familie zu vergrößern oder überhaupt eine zu gründen. Viele sind auch ganz „vernünftig" geworden: die Statistiken bescheinigen uns immer weniger Eheschließungen und Geburten.

Schauen wir in die Bibel, lesen wir, daß unser Schöpfergott die Ehe und Familie als einen Ort der Geborgenheit und der Selbstzucht eingesetzt hat. „Es ist nicht gut, daß der Mensch allein sei ..." und „Seid fruchtbar und mehret euch", heißt es auf den ersten Seiten der Bibel, und so läuft die Botschaft durch die ganze Heilige Schrift bis zu den letzten Seiten. Nirgendwo haben wir das göttliche Gebot, in den letzten Tagen aufzuhören, Familien zu gründen, um als „Einzelkämpfer" unseren Weg zu gehen.

Außerdem, wer wird denn wohl in dieser Zeit der zunehmenden Gesetzlosigkeit und Herzenskälte überhaupt noch in der Lage sein, Kindern die nötige Geborgenheit und Wärme zu geben, wenn nicht wir Christen? Damit meine ich sowohl ein Zuhause für leibliche wie auch angenommene Kinder. Mehr und mehr Kinder werden aus zerstörten Familien herauskatapultiert und brauchen Nestwärme. Wenn auch noch wir Christen kneifen, wer bleibt dann noch übrig?

Christen haben eine lebendige Hoffnung und durch Jesus Zugang zu einer Kraft- und Weisheitsquelle, die unsere natürlichen Fähigkeiten weit übertrifft. Wir müssen sie nur erkennen, uns danach ausstrecken und lernen, damit zu leben: „Denn die Liebe Gottes ist ausgegossen in unsere Herzen durch den heiligen Geist, der uns gegeben worden ist" (Römer 5,5).

Diese Liebe Gottes, die durch den Heiligen Geist in uns ausgegossen wird, wird uns befähigen, auch dann noch zu lieben, wenn andere schon längst aufgegeben haben.

So, wie wir an vielen Stellen der Bibel lesen, daß in den letzten Tagen „schwere Zeiten" kommen werden, haben wir aber auch noch andere Voraussagen für diese Zeit. Diese müssen Sie unbedingt kennen, wollen Sie in der Zeit, bis der Herr uns heimholt, siegreich leben: „Und es wird geschehen in den letzten Tagen, spricht Gott, daß ich von meinem Geiste ausgießen werde auf alles Fleisch ..." (Apostelgeschichte 2,17). Mir scheint, unser liebevoller Vater im Himmel will uns gleichsam als Ausgleich zu den Bedrohungen und Schwierigkeiten der letzten Tage die Nähe und Kraft des Fürsprechers, Beistands oder Trösters, wie der Heilige Geist auch genannt wird, zur Verfügung stellen.

Dies gilt natürlich für die Endzeit im weiteren Sinne, aber auch insbesondere für die Endzeit im engeren Sinne, das heißt für unsere Generation. Es ist interessant zu beobachten, wie parallel zu den immer deutlicher werdenden Aktivitäten anti-christlicher, endzeitlicher Kräfte auch weltweit unter den Christen eine Offenheit für das Wirken des Heiligen Geistes zunimmt.

In den gleichen sechziger Jahren, in denen sich die Moralrevolution aufgemacht hat, um eine neue Gesellschaft zu schaffen, ist die weltweite charismatische Erneuerungsbewegung entstanden, die sich in der ganzen Welt ausgebreitet und alle Konfessionen erfaßt hat. Es ist das erste Mal in der Kirchengeschichte, daß ein erwecklicher Aufbruch rund um die Welt und in allen Konfessionen stattfindet, auch wenn wir es hier in Deutschland aufgrund unserer besonderen kirchengeschichtlichen Situation nicht besonders spüren. Schauen Sie nur einmal über unsere Grenzen und achten Sie auf das erweckliche Wirken Gottes in Amerika, Südafrika, Indonesien oder Korea!

Wie könnten wir die zukünftigen Jahre bestehen, wenn wir nicht wüßten, daß Jesus uns diesen „Tröster“ zur Seite stellt! Ohne die Kraft des Heiligen Geistes wird es zweifellos nicht leicht sein, in den „letzten Tagen“ eine christliche Ehe und Familie aufzubauen und nach Gottes Willen zu führen.

Literaturnachweis

1. D. Prince, Der Ehebund, S. 13/14
   Jugend mit einer Mission 1983
2. Topic, Aßlar 2/84
3. G. Huntemann, Die Zerstörung der Person, S. 74
   Hänssler-Verlag 1981
4. W. Neuer, Mann und Frau aus biblischer Sicht, S. 9
   Brunnen-Verlag, Gießen 1981
5. s. Anm. 3, S. 67
6. s. Anm. 3, S. 113
7. V. Solanas, Society for Cutting up Man, 1969
8. s. Anm. 3, S. 68
9. s. Anm. 3, S. 70
10. s. Anm. 3, S. 106
11. s. Anm. 4, S. 89
12. Ed Wheat, Liebe ist Leben, S. 22
    Schulte + Gerth, Aßlar 1983
13. s. Anm. 4, S. 66
14. s. Anm. 12, S. 25
15. s. Anm. 12, S. 28
16. I. Lück, Alarm um die Schule, S. 305
    Hänssler-Verlag 1979
17. A.S. Neill, Theorie und Praxis der antiautoritären Erziehung. Das Beispiel Summerhill, zitiert bei Lück, s. Anm. 16, S. 263
18. factum 10/80
19. s. Anm. 16, S. 261
20. s. Anm. 16, S. 311
21. A. Heiner u.a., Soziale Kommunikation – Zur Praxis des Deutschunterrichts, Stuttgart 1976, S. 78

22. s. Anm. 16, S. 270
23. G. Huntemann, Das christliche Ethos angesichts der sexuellen Revolution, S. 8
Brockhaus, Wuppertal 1971
24. s. Anm. 23, S. 13
25. factum 9/1983
26. J. Dobson, Die Macht der Gefühle, S. 59
Editions Trobisch, Kehl 1983
27. s. Anm. 12, S. 47
28. s. Anm. 12, S. 90
29. s. Anm. 12, S. 127
30. Tim u. Beverly LaHaye, Wie schön ist es mit dir
Schulte + Gerth, Aßlar 1979
31. R. Martin, Mann und Frau, Eltern und Kinder
Präsenz Verlag, Gnadenthal 1978
32. s. Anm. 31, S. 68
33. J. Dobson, Das solltest du über mich wissen, S. 123
Schulte + Gerth, Aßlar 1981
34. K.H. Michel, Zeichenhaft leben, S. 9
Brockhaus-Verlag, Wuppertal 1980
35. s. Anm. 3, S. 44
36. Das neue Ehe- und Familienrecht, S. 15
Bundesminister der Justiz, Bonn 1981
37. C.D. Stoll, Ehe und Ehescheidung S. 5/6
Brunnen-Verlag, Gießen 1983
38. Idea-Spektrum 37/83
39. Idea-Spektrum 19/83
40. Sexualethik und Seelsorge 4/83
Weißes Kreuz, Kassel
41. s. Anm. 12, S. 35
42. Jay E. Adams, Marriage, Divorce and Remarriage in the Bible, Presbyterian and Reformed Publishing Company Phillipsburg, New Jersey 1980
43. Guy Duty, Divorce and Remarriage
Bethany Fellowship, Inc. Minneapolis, Minnesota 1967
44. Idea-Spektrum 35/36/83

45. Idea-Spektrum 41/83
46. Idea-Spektrum 48/83
47. Von A bis Z unwahr!
Europäische Ärzteaktion, Postfach 1123, 7900 Ulm
48. Sexualethik und Seelsorge 1/84
49. Dr. med. S. Pfeifer, Abtreibung aus der Sicht eines
Mediziners, Aktion Leben e.V.
50. factum 9/82
51. G. Bergmann, Leben wir in der Endzeit? S. 6
Schriftenmissions-Verlag, Gladbeck/Westf. 1973
52. K. Gerth, Der Antichrist kommt, S. 198/199
Schulte + Gerth, Aßlar 1981
53. St. Lightle/E. Mühlan, Der II. Exodus,
Norden, gib heraus
Schulte + Gerth, Aßlar 1983
54. Idea-Spektrum 28/83
55. H. Lindsey, Hoffnung statt Angst, S. 17
Schulte + Gerth, Aßlar 1982

Vom gleichen Autor:

Menschenskinder

Elf Kinder (z.Zt. der Aufnahme waren es noch zehn), davon sechs angenommene, erfordern ein klares Erziehungskonzept. Die Mühlans haben es in der Bibel gefunden und können es zur Nachahmung empfehlen. Dieses Buch ist für Praktiker geschrieben. Es gibt Anregungen und Hinweise für den oft konfliktreichen Familienalltag. Die Autoren formulieren eine klare Absage an emanzipatorische Pädagogik und antiautoritäre Erziehung. Sie haben den Wert gewisser Familienregeln erprobt und für alle Beteiligten als Vorteil erkannt. Ein Plädoyer für die Familie als Keimzelle und stärksten Stützpfeiler der Gesellschaft.
144 Seiten
Paperback
2. Auflage
Best.-Nr. 15 347

Ed Wheat
Liebe ist Leben

Welches Ehepaar kennt die Situation nicht: Über irgendeinen Punkt hat es Streit gegeben, man ist sich uneinig, möchte den Weg zurück zu der ersehnten Harmonie finden, doch keiner der beiden tut den ersten Schritt.
Aber Liebe ist erlernbar! Egal, ob Sie untereinander zerstritten sind, sich gleichgültig gegenüberstehen oder miteinander glücklich sind: Ihre Beziehung kann auf jeden Fall verbessert werden!
Der Autor, ein erfahrener Arzt, Seelsorger und Eheberater, führt gründlich in den Lernprozeß der Liebe ein. Ohne Einschränkung informiert er den Leser über die verschiedenen Arten der Liebe (z.B. kameradschaftliche, fürsorgliche, romantische Liebe) und geht besonders auf deren Grundlage – die Liebe Gottes zu uns Menschen – ein.
256 Seiten
Paperback
Best.-Nr. 15 345

Tim und Beverly LaHaye
Wie schön ist es mit dir

„Wer das sexuelle Gebiet ein ‚heikles Problem' nennt, kritisiert den Schöpfer und bezichtigt ihn, ‚heikle Dinge' geschaffen zu haben. Die Autoren – in Seelsorge und Eheberatung erfahren – greifen die häufigsten sexuellen Probleme auf. Offen und detailliert, aber nicht schamlos, sezieren sie die Ursachen und lassen niemals die seelsorgerliche Komponente, die Beziehung zum lebendigen Gott, außer acht. Für bewußte Christen ist dieses Buch ein hilfreiches Nachschlagewerk. Ich kann es meiner Tochter empfehlen." (aus dem Vorwort von Reinhold Ruthe, Eheberater).
In unserer Zeit der sexuellen Reizüberflutung zeigt dieses Buch, wie man sich nach göttlichen Maßstäben und Grundsätzen an der Sexualität als einer Gabe Gottes freuen kann. Es hilft auch, die Bedürfnisse des Ehepartners zu erkennen und zu verstehen.
„Angesichts der vielen unglücklichen Ehen – auch unter Christen – sind wir der Meinung, daß es schade ist, daß ein solches Buch nicht schon viel früher geschrieben wurde." (Gisela und Volker J.)

Pastor Dr. Tim LaHaye (USA) ist Direktor des Family Life Seminars und Direktor des Christian Heritage College. Er ist verheiratet und hat vier erwachsene Kinder.
288 Seiten
Taschenbuch
8. Auflage
Best.-Nr. 15 509

James Dobson

Das solltest du über mich wissen

Konflikte in der Ehe – und wie man sie löst. Viele Ehen wären glücklicher, wenn der Mann wüßte, welche oft komplizierten Vorgänge sich seelisch und körperlich in der Frau abspielen. Der Verfasser – erfahrener, sehr bekannter Ehe- und Familienberater – „klärt auf" im besten Sinne. Zur Sprache bringt er viele Probleme, die im Leben einer Frau eine bedeutende Rolle spielen, ob es sich um sexuelle Nöte, Klimakterium oder Depressionen, um Arbeitsteilung im Haushalt oder Emanzipation, um Schwierigkeiten mit den Kindern oder um seelische Isolation handelt. Dr. Dobson ist überzeugter Christ und bezieht die Maßstäbe für seine Arbeit aus der Bibel. Seine Bücher erreichten in den USA Millionenauflagen und werden immer wieder auf den Bestsellerlisten unter den ersten 10 Titeln plaziert.

192 Seiten
Paperback
2. Auflage
Best.-Nr. 15 336